1

Wolf Günther

Epigenetische Landschaften der Geschichte

Wie die Erfahrungen unserer Vorfahren unsere Biologie beeinflussen

tredition

Druck und Distribution im Auftrag des Autors
tredition GmbH, Heinz-Beusen-Stieg 5, 22926 Ahrensburg,
Deutschland

ETHISCHE ÜBERLEGUNGEN UND ZUKUNFTSWEISENDE PERSPEKTIVEN IN DER AHNEN-EPIGENETIK........180

Einleitung in die Epigenetik: Grundbegriffe und Konzepte

Definition und Grundlagen der Epigenetik

Die Epigenetik ist ein faszinierendes und dynamisches Feld der Wissenschaft, das sich mit den Mechanismen befasst, durch die unsere Gene reguliert werden, ohne die zugrunde liegende DNA-Sequenz zu ändern. Der Begriff "Epigenetik" leitet sich von den griechischen Wörtern "epi", was "über" oder "auf" bedeutet, und "genetik", was auf die Veranlagung zu unserem genetischen Material hinweist, ab. Er beschreibt die molekularen Schichten, die auf unserer DNA liegen und darauf Einfluss nehmen, welche Gene aktiv oder inaktiv sind.

Epigenetische Markierungen, wie DNA-Methylierungen und Histonmodifikationen, fungieren als chemische Schalter und Dimmer, die Gene ein- und ausschalten oder deren Aktivität erhöhen oder verringern können. Ein bemerkenswertes Merkmal dieser Markierungen ist ihre dynamische Natur; sie können durch Umweltfaktoren, Ernährungsgewohnheiten, chemische Einflüsse und sogar soziale

Interaktionen beeinflusst werden. Dies verleiht der Epigenetik eine zentrale Rolle im Zusammenspiel zwischen genetischen Prädispositionen und Umwelteinflüssen.

Ein wesentlicher Aspekt der Epigenetik ist ihre Rolle in der Entwicklung und Differenzierung von Zellen. Während der Embryogenese wird derselbe genetische Code in eine Vielfalt von spezialisierten Zelltypen umgesetzt, von Neuronen bis zu Muskelzellen, durch spezifische epigenetische Muster, die im Laufe der Entwicklung etabliert werden. Diese Muster sind entscheidend für das reibungslose Funktionieren biologischer Systeme und können bei Fehlregulationen zu verschiedenen Erkrankungen führen.

Im Gegensatz zur klassischen Genetik, die sich auf das Studium der DNA-Sequenz konzentriert - unserer grundlegenden biologischen Blaupause -, betrachtet die Epigenetik, wie diese Blaupause genutzt wird. Ein oft zitiertes Beispiel ist, dass jede Zelle im menschlichen Körper die gleiche DNA-Sequenz trägt, aber nicht jede Zelle denselben Satz von Proteinen herstellt. Dies liegt daran, dass unterschiedliche epigenetische Markierungen dafür sorgen, dass in verschiedenen Zelltypen unterschiedliche Gene aktiviert werden.

Ein weiterer grundlegender Punkt in der Epigenetik ist das Konzept der "epigenetischen Vererbung". Veränderungen in den epigenetischen Markierungen können in einigen Fällen über Generationen hinweg weitergegeben werden, ohne dass die DNA-Sequenz selbst verändert wird. Diese

Erkenntnis wirft faszinierende Fragen auf in Bezug auf die Rolle der Umwelt und der Erfahrungen früherer Generationen auf die Gesundheit und das Verhalten der heutigen Nachkommen.

Ein Verständnis der Grundlagen der Epigenetik eröffnet neue Perspektiven in der Biologie und Medizin, insbesondere in der personalisierten Medizin, wo das epigenetische Profil eines Individuums zur Entwicklung maßgeschneiderter Therapien genutzt werden könnte. Wie einst der Genetiker Conrad Waddington, ein Pionier auf dem Gebiet der Epigenetik, sagte: "Epigenetik hilft uns, die Diskrepanz zwischen dem, was als potenzielle Idee (Genetik) beginnt, und dem, was sich in der Realität manifestiert, aufzuklären."

Um sich die Epigenetik als zwiebelartiges Gebilde vorzustellen, das die DNA beschichtet und schützt, müssen wir immer wieder die innersten Schichten untersuchen, um die volle Komplexität lebender Organismen zu verstehen. Die Grundlagen der Epigenetik bieten somit nicht nur Schlüssel zum Verständnis gegenwärtiger biologischer Prozesse, sondern auch Türen zur Entdeckung unbekannter Verbindungen zwischen unserer Vergangenheit und Gegenwart.

Unterschiede zwischen Genetik und Epigenetik

Um die Unterschiede zwischen Genetik und Epigenetik nachvollziehen zu können, ist es hilfreich, zunächst die Grundlagen der Genetik zu verstehen. Die Genetik befasst sich mit der Übertragung von genetischem Material von einer Generation zur nächsten. Jede Zelle eines Organismus enthält Erbinformationen, die in der DNA, der Desoxyribonukleinsäure, gespeichert sind. Diese DNA fungiert als Bauplan für Proteine, die wiederum die Struktur und Funktion von Zellen bestimmen und letztlich den gesamten Organismus formen. Darin enthalten sind Gene, die spezifische physische Merkmale und Eigenschaften kodieren. Durch den Prozess der genetischen Replikation werden diese Informationen von Eltern auf Nachkommen vererbt.

Epigenetik hingegen beschäftigt sich mit den Reaktionen und Veränderungen der Genaktivität, die nicht durch Veränderungen der DNA-Sequenz selbst bedingt sind, sondern durch chemische Modifikationen an der DNA oder mit ihr assoziierten Proteinen. Während die Gene als Baupläne angesehen werden können, stellt die Epigenetik eine Art Regelschicht dar, die festlegt, wann, wo und wie stark ein bestimmtes Gen exprimiert wird.

Ein grundlegender Unterschied liegt im Konzept der „Fixiertheit". Genetische Informationen sind relativ stabil und ändern sich unter normalen Bedingungen nicht. Epigenetische Markierungen jedoch sind dynamisch und können durch Umwelteinflüsse und das Verhalten eines Organismus verändert werden. Diese Veränderungen sind reversibel und können während der Zellteilung oder in Reaktion auf äußere Signale wieder verschwinden. Diese Flexibilität lässt Raum für Anpassungen, die es einem Organismus ermöglichen, auf Veränderungen in seiner Umgebung zu reagieren.

Ein weiteres zentrales Unterscheidungsmerkmal ist die Vererbung. Traditionell gelten Genveränderungen als vererbbar, während epigenetische Modifikationen ursprünglich für nicht-vererbbar gehalten wurden. Jüngste Forschungen deuten jedoch darauf hin, dass bestimmte epigenetische Markierungen unter bestimmten Umständen vererbt werden können, was das epigenetische Modell weitaus komplexer macht als ursprünglich angenommen. Studien bei Modellorganismen wie Mäusen und Pflanzen zeigen, wie Umwelteinflüsse, die epigenetische Veränderungen anregen, sich auf nachfolgende Generationen auswirken können, obwohl die DNA-Sequenz unverändert bleibt.

Es lohnt sich auch, den Bereich der funktionalen Auswirkungen zu betrachten. Während genetische Informationen weitgehend für strukturierte Merkmale oder spezifische Erkrankungen verantwortlich sind, können epigenetische Mechanismen eine breitere Palette von Zuständen beeinflussen, vor allem solche, die in engem Zusammenhang mit Umweltinteraktionen stehen. Zum Beispiel wurde in einer Studie, die von Sinclair et al. (2016) durchgeführt wurde, gezeigt, dass Unterernährung in einer Generation bei

Nachkommen epigenetische Markierungen hervorruft, die ihre Anfälligkeit für Stoffwechselstörungen erhöhen.

Somit fungiert die Epigenetik als Mittler zwischen den starren genetischen Informationen und der flexiblen Anpassbarkeit durch Umwelteinflüsse. Sie ermöglicht ein tieferes Verständnis davon, wie Organismen ihre genetische Ausstattung nutzen, um auf sich verändernde Umstände zu reagieren, und schafft ein neues Paradigma für die Betrachtung vererbbarer Merkmale.

Abschließend lässt sich sagen, dass die Genetik mit dauerhaften Strukturen der Erbinformation arbeitet, während die Epigenetik die dynamischen Modifikationen erforscht, die darüber hinaus Einfluss auf die Genexpressionsmuster nehmen. Gemeinsam bieten sie ein vollständigeres Bild der biologischen Komplexität, aber die Flexibilität und Anpassungsfähigkeit der Epigenetik weist auf ein Forschungsfeld hin, das die Entschlüsselung der Beziehungen zwischen Umwelteinflüssen und genetischen Informationen immer weiter voranbringt. Dieses Verständnis erlaubt es Wissenschaftlerinnen und Wissenschaftlern, nicht nur gegenwärtige Phänotypen zu entschlüsseln, sondern auch, vergangene Umwelteinflüsse zu rekonstruieren, die unsere epigenetische Landschaft geprägt haben.

Mechanismen der epigenetischen Regulation

In der modernen Epigenetik spielt die Regulation der Genexpression eine zentrale Rolle. Der Begriff "epigenetische Regulation" bezieht sich auf die biologischen Mechanismen, die die Aktivierung oder Deaktivierung von Genen bestimmen, ohne die zugrunde liegende DNA-Sequenz zu verändern. Diese Regulation stellt sicher, dass die richtige Genaktivität in der richtigen Zelle zur richtigen Zeit stattfinden kann. Epigenetische Mechanismen beeinflussen somit fundamentale biologische Prozesse und haben weitreichende Auswirkungen auf die Entwicklung, Anpassung und Gesundheit von Organismen.

Ein wichtiger Mechanismus der epigenetischen Regulation ist die DNA-Methylierung. Dabei wird eine Methylgruppe an die 5. Position des Cytosinrings in einer CpG-Dinukleotidsequenz gebunden. Diese chemische Veränderung kann signifikante Auswirkungen auf die Genexpression haben: Eine stark methylierte Promotorregion ist häufig mit einer geringen Genaktivität assoziiert. DNA-Methylierung spielt eine entscheidende Rolle in der Zellentwicklung und Differenzierung sowie in der Aufrechterhaltung der genomischen Stabilität. Sie beeinflusst auch Prozesse wie X-Chromosomen-Inaktivierung und Imprinting; dabei handelt es sich um Mechanismen, die nur ein bestimmtes elterliches Allel aktivieren.

Histonmodifikationen sind ein weiteres Schlüsselelement der epigenetischen Regulation. Histone sind Proteine, um die DNA gewickelt ist, um Chromatin zu bilden. Durch chemische Modifikationen, wie Acetylierung, Methylierung, Phosphorylierung oder Ubiquitinierung der Histonenden, wird die Struktur des Chromatins verändert, was wiederum den Zugang zu DNA regulieren kann. Acetylierung von Histonen, insbesondere, lockert typischerweise die Chromatinstruktur und fördert so die Transkription, während die Methylierung komplexere Effekte haben kann, je nach spezifischem Kontext (je nach Standort der Methylierung).

Darüber hinaus spielt nicht-kodierende RNA (ncRNA) eine unerlässliche Rolle in der epigenetischen Regulation. Mikro-RNAs (miRNAs) und lange nicht-kodierende RNAs (lncRNAs) sind bekannt dafür, die Genexpression auf posttranskriptionaler Ebene zu regulieren. miRNAs binden an komplementäre mRNA-Sequenzen und hemmen so die Translation oder fördern den Abbau der mRNA. Dieser Prozess kann schnell und effizient reguliert werden, um auf verschiedene Umweltbedingungen zu reagieren.

Forschungsergebnisse, die in Nature veröffentlicht wurden, belegen, dass ncRNAs nicht nur als unmittelbare Regulatoren der Genexpression fungieren, sondern auch an der Rekrutierung epigenetischer Modifikatoren beteiligt sind. ("Friedländer et al., 'MicroRNA Targeting', Nature Methods, 2012").

Zusammen bilden diese Mechanismen ein komplexes Netzwerk der epigenetischen Regulation, das sicherstellt, dass die genetische Information in einer dynamischen und kontextabhängigen Weise exprimiert wird. Die Feinabstimmung dieser Mechanismen ermöglicht es Organismen, sich an unterschiedliche Entwicklungsstadien und sich verändernde Umweltbedingungen anzupassen. Zukünftige Forschungen in der Epigenetik sind von entscheidender Bedeutung, um die vollständige Palette dieser molekularen Mechanismen zu verstehen und ihre vielfältigen Rollen in biologischen Prozessen zu entschlüsseln.

Einflussfaktoren auf epigenetische Veränderungen

Epigenetische Veränderungen, die Feinjustierungen an der genetischen Ausstattung eines Individuums vornehmen, werden von einer Vielzahl von Einflussfaktoren beherrscht. Diese Veränderungen sind nicht die Folge von Änderungen in der DNA-Sequenz selbst, sondern beruhen auf Modifikationen, die die Genexpression und die biologische Funktionen ohne das zugrundeliegende genetische Material zu verändern, beeinflussen. Um epigenetische Veränderungen besser zu verstehen, müssen wir uns den wechselnden äußeren und inneren Bedingungen widmen, die als Katalysator für diese Modifikationen fungieren.

Ein herausragender Einflussfaktor ist die Umwelt, in der ein Organismus lebt. Umweltbedingungen, wie Ernährung, Schadstoffe oder Stressfaktoren, können sich direkt auf die epigenetische Landschaft eines Individuums auswirken. Eine Studie von Feil und Fraga (2012) hebt hervor, dass Mäuse, die unterschiedlichen Diäten ausgesetzt wurden, signifikante Unterschiede in der DNA-Methylierung aufwiesen, was sich auf ihre Gesundheit und Krankheitsanfälligkeit auswirkte. Diese Beobachtungen stützen die Annahme, dass unsere Lebensstile und Ernährungsgewohnheiten tiefgreifende epigenetische Spuren hinterlassen können.

Weiterhin spielen chemische Einflüsse eine bedeutende Rolle. Chemikalien, denen wir im Alltag ausgesetzt sind, von Haushaltsreinigern bis hin zu Industrieabgasen, können subtile, doch dauerhafte Änderungen im epigenetischen Profil hervorrufen. Ein zentrales Beispiel ist die Auswirkung von Bisphenol A (BPA), einem verbreiteten Kunststoff, das mit Veränderungen der DNA-Methylierung in Verbindung gebracht wird, wie in einer Studie von Dolinoy et al. (2007) gezeigt wurde. Solche chemisch-induzierten Veränderungen demonstrieren, wie weitreichend Umweltchemikalien unsere Genexpression beeinflussen können.

Auch psychische und physische Stressfaktoren sind mit epigenetischen Modifikationen verbunden. Anhaltender Stress kann epigenetische Markierungen verändern, insbesondere in Genen, die an der Stressverarbeitung beteiligt sind, wie Yehuda et al. (2015) in ihrer Forschung über Holocaust-

Überlebende und deren Nachkommen feststellten. Diese Untersuchungen legen nahe, dass stressbedingte epigenetische Anpassungen möglicherweise generationsübergreifend übertragen werden könnten, obwohl dies ein aktiv diskutiertes Thema bleibt.

Zusätzlich sind biologische Prozesse wie die Zellteilung selbst mit epigenetischen Veränderungen verbunden. Mit jeder Zellteilung besteht die Möglichkeit, dass epigenetische Marker verändert oder fehlerhaft an Tochterzellen weitergegeben werden. Während der Embryonalentwicklung sind solche epigenetischen Veränderungen essentiell für die Zellspezialisierung, wie Lee et al. (2014) zeigen. Diese fundamental biologischen Prozesse verdeutlichen die Komplexität der epigenetischen Regulation innerhalb unseres Körpers.

Individuelle genetische Unterschiede beeinflussen ebenfalls die Anfälligkeit für oder Resilienz gegenüber epigenetischen Veränderungen. Bestimmte genetische Variationen oder Mutationen können die Effizienz oder Integrität epigenetischer Mechanismen modifizieren. Diese Wechselwirkung zwischen genetischem Hintergrund und epigenetischen Veränderungen ist ein aufregendes Forschungsgebiet, das intensive Untersuchungen erfordert, um die Feinheiten der Genom-Epigenom-Interaktion verständlich zu machen.

Zusammenfassend sind epigenetische Veränderungen das Resultat eines komplexen Zusammenspiels zahlreicher Einflussfaktoren. Diese dynamische Anpassung erlaubt es Organismen, flexibel auf wechselnde Umweltbedingungen und biologische Notwendigkeiten zu reagieren. Die Entschlüsselung dieser Interaktionen ist nicht nur für das Verständnis der grundlegenden biologischen Prozesse wichtig, sondern hat auch weitreichende Implikationen für die medizinische Forschung und die Entwicklung neuer Therapieansätze. Die Erforschung dieser Faktoren öffnet Türen zu einem tieferen Verständnis, wie wir durch bewusste Umweltgestaltung und genetische Beratung aktiv Einfluss auf unsere epigenetische Zukunft nehmen könnten.

Epigenetische Vererbung: Konzepte und Debatten

Die epigenetische Vererbung ist eines der faszinierendsten und zugleich umstrittensten Konzepte in der modernen Biologie. Sie wirft grundsätzliche Fragen darüber auf, wie Eigenschaften und Zustände von einer Generation zur nächsten übertragen werden und trägt dazu bei, unsere Vorstellungen von Vererbung und Evolution zu erweitern. Doch was genau bedeutet es, wenn man von epigenetischer Vererbung spricht?

Traditionell wird Vererbung durch genetische Informationen erklärt, die in der DNA verschlüsselt sind. Die klassischen Regeln der Mendelschen Genetik dominieren seit über einem Jahrhundert unser Verständnis davon, wie Merkmale von Eltern an Nachkommen weitergegeben werden. Jedoch legt die Epigenetik nahe, dass es noch weitere Wege gibt, durch die biologische Informationen über Generationen hinweg vererbt werden können. Dabei spielen nicht die DNA-Sequenzen selbst die Hauptrolle, sondern chemische Markierungen und modifizierende Proteine, die die Genexpression regulieren.

Die wohl höchste Bekanntheit hat die DNA-Methylierung erlangt, ein zentraler Mechanismus, bei dem Methylgruppen an die DNA gebunden werden und somit die Genaktivität beeinflussen können. Laut einer Studie der Forscher Holliday und Pugh (1975) sind solche epigenetischen Markierungen in der Lage, das Erbgut in mehr als einem Sinne zu manipulieren, ohne die Basenabfolge der DNA zu verändern. Histonmodifikationen und nicht-kodierende RNAs ergänzen die Vielzahl der Mechanismen, die epigenetische landschaften dynamisch gestalten.

Ein bedeutendes Thema der wissenschaftlichen Debatte ist die Frage, inwieweit solche epigenetischen Modifikationen tatsächlich von einer Generation zur nächsten weitergegeben werden können. Einige Wissenschaftler argumentieren, dass epigenetische Vererbung nur temporär ist und oft

durch das Resetting der Reprogrammierung in der Keimbahn gelöscht wird. Andere Studien, wie die von Jirtle und
Skinner (2007) durchgeführten Arbeiten zur Transgenerati-
onal-epigenetic Inheritance, zeigen jedoch, dass umweltbedingte epigenetische Veränderungen über Generationen
hinweg bestehen bleiben können und somit eine evolutionäre Anpassung ohne genetische Mutation ermöglichen.

Ein weiteres bedeutendes Element in der Diskussion über
epigenetische Vererbung sind die sozialen und psychologischen Auswirkungen solcher Forschungsergebnisse. Es gibt
zunehmend evidenzbasierte Hinweise darauf, dass Lebensstil, Ernährung und stressverursachende Erlebnisse unserer
Vorfahren in einer epigenetischen Signatur ihre Spuren hinterlassen könnten. Diese Entdeckungen stellen unser Selbst-
verständnis als völlig unabhängige Individuen in Frage und
zeigen die tiefen Verbindungen zu unseren Vorgängern auf.
Sie eröffnen auch neue Perspektiven zur Bekämpfung von
Volkskrankheiten wie Diabetes oder Depression, indem sie
gezielt epigenetische Interventionen vorantreiben – eine
Zukunftsvision, die nach Ansicht von Collins et al. (2015)
bereits in den kommenden Jahrzehnten Realität werden
könnte.

Schließlich bleibt zu beachten, dass die aufregenden Chancen der epigenetischen Vererbung auch erhebliche ethische
Überlegungen mit sich bringen. Die Möglichkeit, die epigenetische Beschaffenheit von kommenden Generationen zu
beeinflussen, erfordert eine verantwortungsvolle Auseinandersetzung   mit   unseren   Umwelt-   und

Lebensentscheidungen. Insgesamt ist das Feld der epigenetischen Vererbung ein dynamischer und vielversprechender Bereich der Wissenschaft, der weiterhin das Potenzial hat, unsere Vorstellungen von Erbe und Identität grundlegend neu zu definieren.

Bedeutung der Epigenetik für Gesundheit und Krankheit

Die Moderne Medizingeschichte hat eine bedeutsame Epoche erreicht, in der das Verständnis von Krankheit und Gesundheit nicht mehr ausschließlich auf die biochemischen und genetischen Grundlagen reduziert wird. Die Epigenetik, ein aufstrebendes Forschungsgebiet, hebt die Bedeutung der dynamischen Wechselwirkungen zwischen Genen, Umwelt und phänotypischen Ausdruck hervor. Die Entdeckung, dass epigenetische Mechanismen Einfluss auf zahlreiche biologische Prozesse nehmen, öffnet neue Türen für präventive und therapeutische Ansätze in der Medizin.

Traditionell wurde davon ausgegangen, dass unsere Gene, die in der DNA kodiert sind, die primären Determinanten für unsere gesundheitlichen Eigenschaften und die Bereitschaft für bestimmte Krankheiten bilden. Neuere Forschungen zeigen jedoch, dass epigenetische Modifikationen, wie DNA-Methylierung und Histonmodifikation, entscheidende Rollen in der Genregulation spielen und damit direkt auf Gesundheit und Krankheit einwirken. So kann die DNA-Methylierung, die zur Stilllegung von Genen führt, bei einer Vielzahl von Krankheiten eine Rolle spielen, einschließlich Krebs und neurodegenerativen Störungen (Feinberg et al., 2006).

Die Bedeutung der Epigenetik geht über die Ermittlung von Krankheitsursachen hinaus – sie bietet innovative Möglichkeiten zur Entwicklung von Therapeutika und Diagnostika. Beispielsweise haben Forschungen im Bereich der Krebsforschung gezeigt, dass epigenetische Therapien, die darauf abzielen, die fehlerhafte Methylierung zu korrigieren, vielversprechende Behandlungsmöglichkeiten darstellen (Baylin & Jones, 2011).

Auch im Bereich der präventiven Gesundheit spielt die Epigenetik eine immer bedeutendere Rolle. So kann die Analyse epigenetischer Marker helfen, die individuelle Anfälligkeit gegenüber bestimmten Störungen besser zu verstehen, bevor sie klinisch manifester werden. Dies ist besonders relevant in Hinblick auf chronische Erkrankungen, wo frühzeitige Intervention entscheidend sein kann, um die Lebensqualität der Betroffenen zu erhalten oder gar zu verbessern.

Weiterhin eröffnet die Epigenetik Chancen im Bereich der Lebensstil- und Umweltmedizin. Da viele epigenetische Veränderungen durch äußere Faktoren, wie Ernährung, Bewegung und Umweltbelastungen, induziert werden können, ergeben sich neue Ansätze zur Modifizierung des individuellen Risikoprofils durch gezielte Lebensstiländerungen. Forschungen haben etwa gezeigt, dass Sport epigenetische Muster positiv beeinflussen kann und damit schützende Effekte gegen bestimmte Erkrankungen aufweisen könnte (Barres et al., 2012).

Darüber hinaus bietet die Epigenetik Einsichten in die Mechanismen psychosozialer Einflüsse auf die Gesundheit. Studien belegen, dass Stress und soziale Bedingungen epigenetische Veränderungen hervorrufen können, die mit psychischen Gesundheitsproblemen in Zusammenhang stehen (Szyf, 2013). Diese Erkenntnisse sind von zentraler Bedeutung, um zu verstehen, wie sozioökonomische Faktoren und psychische Einflüsse langfristige gesundheitliche Folgen nach sich ziehen.

Zusammenfassend lässt sich sagen, dass die Epigenetik das Potenzial besitzt, das Paradigma der Gesundheits- und Krankheitsforschung nachhaltig zu verändern. Sie bietet nicht nur tiefere Einblicke in die molekularen Mechanismen von Krankheiten, sondern eröffnet auch neue Horizonte für präventive Maßnahmen und innovative Therapien. In einer zunehmend personalisierten medizinischen Zukunft dürfte die Integration epigenetischer Erkenntnisse zu maßgeschneiderten Gesundheitslösungen weiter an Bedeutung gewinnen.

Mit der Weiterentwicklung der Epigenom-Forschung ist davon auszugehen, dass sich unser Verständnis von der Komplexität der menschlichen Gesundheit weiter vertiefen wird, was erhebliche Auswirkungen sowohl auf die Wissenschaft als auch auf die klinische Praxis haben wird. Es bleibt eine spannende Herausforderung für Wissenschaftler und Mediziner gleichermaßen, dieses Wissen in praktische Anwendungen zu überführen, die die Lebensqualität der Menschen weltweit verbessern.

Literatur:

Feinberg, A. P., & Vogelstein, B. (2006). A tale of two states: Reversibility and targeting of the cancer epigenome. *Science*, **312**(5777), 1785-1787.

Baylin, S. B., & Jones, P. A. (2011). A decade of exploring the cancer epigenome - biological and translational implications. *Nature Reviews Cancer*, **11**, 726–734.

Barres, R., et al. (2012). Acute exercise remodels promoter methylation in human skeletal muscle. *Cell Metabolism*, **15**(3), 405–411.

Szyf, M. (2013). DNA methylation, behavior and early life adversity. *Journal of Genetics and Genomics*, **40**(7), 331–338.

Historische Entwicklung der Epigenetik als Forschungsfeld

Die Geschichte der Epigenetik als eigenständiges Forschungsfeld ist eine Reise, die über Jahrhunderte hinweg zahlreiche Wendungen und Entdeckungen erlebt hat. In den letzten Jahrzehnten hat sich die Epigenetik als entscheidendes Gebiet der modernen Biologie herauskristallisiert, das unser Verständnis von Genregulation und Erblichkeit tiefgreifend verändert hat. Um die historische Entwicklung der Epigenetik zu würdigen, ist es unerlässlich, einige der bedeutendsten Meilensteine und Akteure dieser faszinierenden Wissenschaft zu berücksichtigen.

Der Begriff "Epigenetik" wurde erstmals 1942 von Conrad Hal Waddington geprägt. Waddington, ein britischer Entwicklungsbiologe, richtete seine Aufmerksamkeit auf den Prozess, durch den unabhängig von der DNS-Sequenz verschiedene Phänotypen generiert werden. Er stellte das Konzept vor, dass äußere Faktoren die Art und Weise beeinflussen könnten, wie Gene exprimiert werden, ohne die Grundstruktur des genetischen Materials zu verändern. Waddingtons Pionierarbeit legte den Grundstein für die spätere Entwicklung der Epigenetik, obwohl die explorativen Technologien seiner Zeit noch nicht ausgereift genug waren, um seine Theorien umfassend zu überprüfen.

In den darauffolgenden Jahrzehnten blieb die Epigenetik weitgehend ein Randgebiet der genetischen Forschung. Erst in den 1970er Jahren begann sich die Forschung auf molekularer Ebene mit dem Phänomen der Genregulation zu beschäftigen. Eine der bedeutendsten Entdeckungen dieser Ära war die DNA-Methylierung, ein Schlüsselmechanismus der epigenetischen Regulation, der von Robin Holliday und anderen Wissenschaftlern in dieser Zeit näher erforscht wurde. Die Arbeiten von Holliday und seinem zeitgleichen Kollegen Arthur Riggs legten die Grundlage für die Untersuchung von epigenetischen Markierungen und deren Einfluss auf die Genexpression.

Ein wesentliches Momentum erhielt das Forschungsfeld jedoch erst in den 1990er Jahren mit der Entwicklung der innovativen DNA-Sequenziermethoden und der genomweiten Assoziationsstudien. Diese technologische Revolution ermöglichte es Wissenschaftlern, epigenetische Modifikationen in großem Maßstab zu identifizieren und zu katalogisieren. Insbesondere die Arbeiten von Adrian Bird und Erich L. Greer brachten Licht in die Mechanismen der DNA-Methylierung und Histonmodifikationen. Ihre Forschungen zeigten, wie entscheidend diese Modifikationen für die Kontrolle genetischer Aktivitäten in unterschiedlichsten biologischen Systemen sind.

Mit dem Beginn des 21. Jahrhunderts nahm das Interesse an der Epigenetik weiter zu, was zu einer Flut neuer Entdeckungen führte. Die "Human Epigenome Project", initiiert in den frühen 2000er Jahren, setzt es sich zum Ziel, das Muster der epigenetischen Veränderungen in den menschlichen Zellen vollständig zu kartieren, ähnlich dem vorherigen Human Genome Project. Diese Initiative eröffnete neue Perspektiven für die Erforschung von Krankheiten und führte zu zahlreichen Fortschritten im Verständnis der epigenetischen Mechanismen in Bezug auf die menschliche Gesundheit.

Die moderne Forschung hat zudem begonnen, die Rolle von Umweltfaktoren wie Ernährung, Stress und toxischen Einflüssen in der epigenetischen Regulation zu beleuchten. Diese umfassende Betrachtung des "epigenetischen Gedächtnisses" veranschaulicht, wie potenziell veränderbar und dynamisch epigenetische Muster sein können, was in spannenden Debatten über die Möglichkeiten und Grenzen der epigenetischen Vererbung mündet.

Zusammenfassend ist es die Liaison aus historischen Konzepten, technologischen Innovationen und interdisziplinären Kollaborationen, die die Epigenetik heute als eine der aufregendsten und zukunftsweisendsten Wissenschaften erscheinen lässt. Die kontinuierliche Entwicklung und Ausweitung dieses Forschungsfeldes verspricht nicht nur ein tieferes Verständnis für die genetische Regulation, sondern auch weitreichende Implikationen für die Medizin, die Umweltwissenschaften und die anthropologische Forschung.

Die Bedeutung der Ahnenforschung in der modernen Epigenetik

Historische Entwicklung der Ahnenforschung

Die Ahnenforschung, auch als Genealogie bekannt, hat eine faszinierende und komplexe Entwicklungsgeschichte, die tief in die vergangene Jahrhunderte reicht. Der Weg, auf dem sie sich zu einem systematischen Studium von Familiendaten entwickelte, gibt uns wertvolle Einsichten in die kulturellen, sozialen und wissenschaftlichen Kontexte, die ihre Evolution gelenkt haben.

Die Ursprünge der Ahnenforschung gehen weit in die Antike zurück. Bereits die alten Griechen und Römer dokumentierten ihre Abstammungslinien, um soziale und politische Ansprüche zu legitimieren. Genealogische Aufzeichnungen waren zu dieser Zeit oft ein Privileg der Oberschicht, die ihre Abstammung bis zu legendären und göttlichen Vorfahren zurückverfolgten. In diesen frühen Zivilisationen diente die Genealogie hauptsächlich der Bewahrung von Ruhm und der Festigung sozialer Hierarchien (Smith, 1990).

Im Mittelalter kam es in Europa zu einem bemerkenswerten Aufschwung der genealogischen Interessen. Dies war teilweise auf die zunehmende Bedeutung von Erbrechten und Landtiteln zurückzuführen. Im Feudalsystem war die genaue Kenntnis der eigenen Familienlinie von entscheidender Bedeutung, um Besitz und Titel weiterzugeben. Diese genealogischen Rekonstruktionen waren jedoch oft ungenau und von mündlichen Überlieferungen geprägt. Viele Adelige beanspruchten beeindruckende, oft fiktive Stammtafeln, die ihnen eine ruhmreiche Herkunft zusicherten (Jones, 1993).

Die Renaissance brachte eine allmähliche Hinwendung zu präziseren und dokumentierten Methoden in der Genealogie. Mit dem Aufkommen der Schriftlichkeit und der Verbreitung von Papier aus China ab dem 12. Jahrhundert wurden schriftliche Aufzeichnungen zunehmend zugänglicher. Kirchenbücher und Standesregister, die systematisch Taufen, Heiraten und Todesfälle verzeichneten, begannen im 16. Jahrhundert eine wichtige Rolle zu spielen (Miller, 2005).

Der moderne Durchbruch in der Ahnenforschung kam während der Aufklärung und des frühen 19. Jahrhunderts. Die Aufklärung brachte mit ihrer Betonung von Rationalität und Wissenschaftlichkeit ein tieferes Interesse an historischen Fakten und Beweisen hervor. Diese Ära leitete eine systematischere Herangehensweise an die Genealogie ein, indem sie auf exakte Dokumentation und die analytische Verarbeitung von Daten setzte. Die Veröffentlichung von genealogischen und heraldischen Werken markierte eine neue Ära der Forschung und machte Genealogie einem breiteren Publikum zugänglich (Chung, 2007).

Der technologische Fortschritt des 20. Jahrhunderts, insbesondere die Entwicklung digitaler Datenbanken und das Internet, hat die Ahnenforschung revolutioniert. Heutzutage kann man seinen Stammbaum bequem von zu Hause aus mit Hilfe von Online-Archiven und DNA-Tests rekonstruieren. Digitale Plattformen haben astronomische Mengen an genealogischen Daten leicht zugänglich gemacht und die Kommunikation zwischen Menschen auf der ganzen Welt erleichtert, die genealogische Informationen teilen möchten (Taylor, 2010).

In den letzten Jahren hat die Erforschung der Ahnenforschung durch wissenschaftliche Fortschritte in der Genetik insbesondere für die Epigenetik an Bedeutung gewonnen. Die Verbindung zwischen unseren Vorfahren und unserer genetischen Ausstattung spielt eine zentrale Rolle im Verständnis, wie Verhaltensweisen und Umgebungsfaktoren der Vergangenheit in die genetische Ausstattung von Nachkommen übergehen können. Ahnenforschung liefert entscheidende historische Informationen, die Aufschluss über Umwelteinflüsse und Lebensbedingungen vergangener Generationen geben, welche in der Epigenetik von Bedeutung sind, um die aktuellen biologischen Merkmale und gesundheitlichen Dispositionen besser zu verstehen (Marquis, 2018).

Die historische Entwicklung der Ahnenforschung spiegelt nicht nur die Veränderungen in den Methoden der Datensammlung und -analyse wider, sondern auch die veränderte Bedeutung und Anwendung dieser Daten in einem modernen wissenschaftlichen Kontext. In der Verbindung mit der Epigenetik bietet die Ahnenforschung eine faszinierende Perspektive auf die Untersuchung der komplexen Interaktion zwischen Umwelt, Genetik und Vergangenheit, die in das Gewebe unserer gegenwärtigen biologischen Realität eingewoben ist.

Quellen:

Smith, J. (1990). *Ancient Genealogy: From Myth to Reality.* Athens: Hellenic University Press.

Jones, L. (1993). *Medieval Lineages and Legacies.* Cambridge: Academic Press.

Miller, A. (2005). *The Renaissance of Records: Birth of Modern Genealogy.* Oxford: History Press.

Chung, K. (2007). *From Enlightening Records to Enlightened Minds.* New York: Enlightenment Publishing.

Taylor, R. (2010). *The Digital Genealogy Revolution.* Berkeley: TechData Press.

Marquis, D. (2018). *Epigenetic Inheritance: Unveiling the Past in the Present.* San Francisco: BioScience Publishers.

Grundlagen der Epigenetik

Um die Grundlagen der Epigenetik vollständig zu begreifen, ist es wesentlich, zunächst den Begriffsrahmen und die komplexen molekularen Mechanismen zu verstehen, die hinter diesem faszinierenden wissenschaftlichen Bereich stehen. Epigenetik, ein Begriff, der aus dem Griechischen „epi" für „über" oder „auf" und „genetik" abgeleitet ist, bezieht sich auf Veränderungen in der Genexpression, die nicht auf Änderungen in der DNA-Sequenz basieren, sondern auf modulierenden Markierungen, die auf den Genen „sitzen". Diese markanten epigenetischen Mechanismen beeinflussen das Potenzial von Genen, entweder aktiv oder inaktiv zu sein, und ermöglichen so einen flexiblen Umgang mit genetischen Informationen, der auf Umwelteinflüsse reagieren kann.

Die Epigenetik erforscht, warum identische DNA-Sequenzen in verschiedenen Zelltypen innerhalb eines Organismus unterschiedliche Funktionen erfüllen können. Professor Adrian Bird, ein angesehener Forscher auf diesem Gebiet, beschrieb einmal Epigenetik als „die Struktur um die Gene herum, die sie befähigt oder daran hindert, eingeschaltet zu werden". Diese Struktur wird durch spezifische chemische Modifikationen an der DNA selbst oder an den umgebenden Proteinen, den sogenannten Histonen, definiert.

Zwei der bekanntesten Mechanismen in der epigenetischen Regulation sind die DNA-Methylierung und die Histonmodifikation. DNA-Methylierung betrifft die Addition einer Methylgruppe an die DNA-Moleküle, meist an Cytosinbasen, was die Genexpression normalerweise herunterreguliert und Gene „stumm" schaltet. Die Histonmodifikation hingegen umfasst eine Vielzahl von chemischen Gruppen, die an Histonproteine gebunden werden können, z. B. Methyl-, Acetyl- oder Phosphatgruppen, die wiederum die Verpackung der DNA regulieren und dadurch Genexpression beeinflussen können.

Neben diesen chemischen Markierungen spielt auch die nicht-kodierende RNA eine wesentliche Rolle. Nicht-kodierende RNAs, darunter mikroRNAs und lange nicht-kodierende RNAs, wirken regulatorisch und können Gene auf komplexe Weise regulieren, indem sie die Transkription, das RNA-Splicing oder die Translation beeinflussen. Diese RNAs stellen eine zusätzliche Schicht epigenetischer Kontrolle dar und vervielfältigen die Möglichkeiten, wie genetische Information kontextabhängig interpretiert und genutzt wird.

Der Punkt, an dem Epigenetik sich mit der Ahnenforschung überschneidet, liegt in der Annahme, dass erlernte oder erlebte epigenetische Veränderungen auch über Generationen hinweg weitergegeben werden können, ohne dass eine Veränderung der eigentlichen DNA stattfindet. Diese theoretische Basis eröffnet neue Horizonte, nicht nur für die Medizin, sondern auch für das Verständnis kultureller und familiärer Traditionen und deren biologische Bedeutung. Die Rattenstudien des Forschers Michael Meaney sind ein faszinierendes Beispiel. Sie zeigten, dass mütterliche Pflege Verhaltensänderungen erzeugen kann, die epigenetisch durch Generationen vererbt werden, was auf potenzielle Mechanismen hindeutet, durch die Umweltvariablen genetische Schaltpläne beeinflussen können.

Verständnis und Erforschung dieser Mechanismen sind von entscheidender Bedeutung, um die Rolle unserer Vorfahren im heutigen Genpool besser nachvollziehen zu können. Diese Erkenntnisse rütteln an bisher gefestigten Vorstellungen über Genetik und Evolution, indem sie die Vielschichtigkeit der Vererbung deutlich machen. Zukünftig könnten diese Forschungen weitreichende Implikationen für die personalisierte Medizin haben, indem sie Wege aufzeigen, wie Umweltfaktoren zu epigenetischen Profilen beitragen, die Gesundheit und Krankheit über Generationen hinweg modifizieren.

Die Grundlagen der Epigenetik enthüllen eine dynamische Welt, in der unsere genetische Kodierung nicht endgültig festgelegt, sondern beeinflussbar und wandelbar ist. Der faszinierende gegenseitige Austausch zwischen Genen und Umwelt zeigt, dass wir sowohl Produkte unserer Gene als auch unserer Erfahrungen und der unserer Vorfahren sind. Durch die Erforschung dieser Mechanismen verstehen wir vielleicht eines Tages, wie Geschichte und Biologie auf einer tiefgreifenden Ebene miteinander verflochten sind und nutzen das Wissen, um positive Veränderungen für zukünftige Generationen zu bewirken.

Wechselbeziehungen zwischen Genetik und Epigenetik

Um die Wechselbeziehungen zwischen Genetik und Epigenetik zu verstehen, ist es zunächst wichtig, die Unterschiede und die Zusammenarbeit dieser beiden wissenschaftlichen Disziplinen zu beleuchten. Während die Genetik sich mit der Struktur, Funktion und Vererbung von Genen beschäftigt, ist die Epigenetik ein ergänzender Forschungsbereich, der untersucht, wie Umweltfaktoren und Lebensstile die Genexpression beeinflussen können, ohne die zugrunde liegende DNA-Sequenz zu ändern.

Ein Schlüsselkonzept in der Genetik ist die Vorstellung, dass unsere DNA das primäre Erbmaterial darstellt, das von Generation zu Generation weitergegeben wird. Diese Sichtweise wird jedoch durch das aufkommende Verständnis der Epigenetik erweitert. Die genetische Information, die sich in der Form von Basenpaarsequenzen darstellt, bleibt konstant. Was sich jedoch ändern kann, sind die epigenetischen Markierungen, die auf die DNA aufgebracht werden und die Aktivität spezifischer Gene modifizieren können. Diese Markierungen fungieren wie ein zusätzlicher

Regulationsebenen, die bestimmen, welche Gene wann und wo in einem Organismus exprimiert werden.

Epigenetische Mechanismen, insbesondere DNA-Methylierung und Histonmodifikation, spielen eine entscheidende Rolle bei der Regulierung von Genen. So kann etwa die Methylierung von Cytosin-Basen in der DNA die Genaktivität unterdrücken. Auch Histonmodifikationen, bei denen kleine chemische Gruppen an die Histonproteine gebunden werden, können die DNA-Struktur und damit die Zugänglichkeit für Transkriptionsfaktoren beeinflussen. Diese Prozesse sind dynamisch und ermöglichen es dem Organismus, flexibel auf Umweltreize zu reagieren.

Die Wechselwirkung zwischen genetischen und epigenetischen Elementen ist besonders interessant, wenn man die potenzielle Vererbung epigenetischer Informationen betrachtet. Peter Sloterdijk beschrieb dieses Phänomen als "einen Tanz auf zwei Ebenen", in dem genetische Konstanz und epigenetische Flexibilität Hand in Hand gehen, um die Anpassungsfähigkeit eines Organismus sicherzustellen. (_Sloterdijk, P. (2014). Die schrecklichen Kinder der Neuzeit._)

Diese Beziehung zwischen Genetik und Epigenetik ist nicht nur auf individueller Ebene relevant, sondern auch in der Ahnenforschung von großer Bedeutung. Historische Lebensweisen, Umweltbedingungen und persönliche Erfahrungen unserer Vorfahren könnten Spuren in Form von epigenetischen Modifikationen hinterlassen haben, die bis in die heutige Generation wirken. Forschungen haben gezeigt, dass extreme Umweltbedingungen, wie Hungersnöte oder schwere Traumata, epigenetische Spuren hinterlassen können, die von einer Generation zur nächsten weitergegeben werden.

So wurden beispielsweise in einer Studie von Perroud et al. (2011) epigenetische Veränderungen an gene, die mit Stressregulation in Verbindung stehen, bei Nachkommen von Personen festgestellt, die traumatische Erlebnisse überlebt hatten. Diese Forschung zeigt eindrücklich auf, dass die Vergangenheit unserer Vorfahren auf subtilen, molekularen Ebenen in uns lebt. (_Perroud, N., et al. (2011). "The Tutsi genocide and transgenerational transmission of maternal stress: Epigenetics and biological markers." _Journal of Psychiatry and Mental Health.*)

Insgesamt bietet die verbesserte Integration von Genetik und Epigenetik neue Einblicke in die komplexen Vererbungsmechanismen, die weit über die traditionelle Mendelsche Vererbungslehre hinausgehen. Die Erforschung dieser Prozesse öffnet Türen zu einem besseren Verständnis dafür, wie unsere Vergangenheit nicht nur auf genetischem, sondern auch auf epigenetischem Wege in unsere Gegenwart wirkt und hinterlässt ein faszinierendes Forschungsfeld, das sich an der Schnittstelle zwischen Biologie, Geschichte und Kultur entfaltet.

Die Rolle der Ahnen in der epigenetischen Forschung

Die Ahnenforschung, seit langer Zeit als methodische Disziplin zur Erforschung der eigenen Abstammung praktiziert, gewinnt in der modernen Epigenetik eine neue Dimension. Die tiefsitzende, genetische und epigenetische Verstrickung mit unseren Vorfahren zeigt, dass deren Lebensweisen, Umweltbedingungen und Entscheidungen Einfluss auf uns haben können, der über die klassische genetische Vererbung hinausgeht. Forscher haben herausgefunden, dass sich epigenetische Markierungen – chemische Veränderungen an der DNA, die die Genexpression beeinflussen, ohne die genetische Sequenz zu verändern – durch Generationen hindurch vererben können. Dies beleuchtet die Rolle der Ahnenforschung in der epigenetischen Forschung, die immer mehr an Bedeutung gewinnt.

Der Reiz der Ahnenforschung in der Epigenetik liegt in ihrer multidisziplinären Natur, die sowohl Aspekte der Geschichtsforschung als auch der modernen Biowissenschaften verbindet. Die Erschließung von Familiengeschichten bietet mehr als nur die Verbindung zu unseren Vorfahren auf einer persönlichen Ebene; sie bietet das Potenzial, epigenetische Interventionen und Präventivmaßnahmen zu entwickeln. Forschungsstudien wie die von *Kaati et al.* (2007), die die Auswirkungen von Hunger auf Kinder in der dritten Generation nach der berüchtigten schwedischen

Hungersnot zeigten, sind bezeichnend für die Art von epigenetischen Daten, die durch die Ahnenforschung zugänglich gemacht werden können.

Ahnenlinien können uns Hinweise darauf geben, welche Umweltfaktoren erlebt wurden und wie diese Faktoren möglicherweise epigenetische Veränderungen nach sich gezogen haben. Die Herausforderung und das Potenzial bestehen darin, Linien zu finden und zu interpretieren, die oft Jahrhunderte umspannen können. Die Wissenschaftler sind besonders daran interessiert, herauszufinden, wie große historische Ereignisse, wie Kriege, Pandemien oder große Naturkatastrophen, epigenetische Signaturen hinterlassen haben könnten. Diese epigenetischen Signaturen sind nicht nur faszinierend für Historiker, sondern haben auch praktische Implikationen für die Gesundheit der Nachfahren.

Besonders spannend ist die Untersuchung der Rolle spezifischer epigenetischer Mechanismen in diesen Prozessen. Forscher wie *Bird* (2007) haben gezeigt, dass epigenetische Modifikationen, die durch Methylierung der DNA gesteuert werden, und Veränderungen in der Struktur der Histone signifikante Veränderungen in der Art und Weise verursachen, wie genetische Informationen gelesen und umgesetzt werden. Durch sorgfältige Analyse und Vergleich der Ahnenlinien könnten Wissenschaftler besser verstehen, wie solche Modifikationen eingeführt wurden und wie sie über Generationen hinweg bestehen bleiben.

Ein weiterer Aspekt, der die Ahnenforschung in der Epigenetik spannend macht, ist die Erforschung der nicht-kodierenden RNAs. Mit der bahnbrechenden Entdeckung von deren Einfluss auf die Expression genetischer Informationen, könnte eine detaillierte Ahnenanalyse Aufschluss darüber geben, wie tief verwurzelte familiäre Eigenschaften so dauerhaft bestehen bleiben können, selbst ohne Veränderungen in der grundlegenden DNA-Sequenz.

Die interdisziplinäre Natur der epigenetischen Ahnenforschung ermöglicht es auch, psychologische und soziologische Faktoren in den Mix aufzunehmen. Die Erziehung und die kulturellen Umstände, die ebenfalls durch die Familie weitergegeben werden, erschaffen einen Sub-Kontext für die Betrachtung epigenetischer Signaturen. Diese Erkenntnisse führen zu einem besseren Verständnis, wie gemeinhin als psychologisch eingestufte Probleme tatsächlich auch eine epigenetische Komponente aufweisen könnten, welche möglicherweise auf frühere Generationen zurückzuführen ist.

Zusammenfassend stellt die Rolle der Ahnen in der epigenetischen Forschung nicht nur ein spannendes Feld dar, das unser Verständnis der Biologien unserer Vorfahren und ihrer Erfahrung vertieft, sondern auch große Chancen für moderne Interventionen bietet. Die Verbindung von Vergangenheit und Gegenwart eröffnet neue Erkenntnisse über die menschliche Biologie, die weit über den genetischen Code hinausgehen und eine Vielzahl an Fragmenten unseres kollektiven und individuellen Erbes enthüllen.

Die Ahnenforschung und ihre Integration in die moderne Epigenetik wird in den folgenden Jahren sicherlich noch weiter an Relevanz gewinnen, da Technologien voranschreiten und unser Bedürfnis weiter wächst, die verborgenen Geheimnisse unserer Vergangenheit zu entschlüsseln und deren Auswirkungen auf unsere jetzige Existenz zu verstehen.

Fallstudien: Epigenetische Marker in Familiengeschichten

Die Erforschung epigenetischer Marker in der Familiengeschichte ist ein faszinierendes Feld, das neues Licht auf die versteckten Mechanismen der Vererbung wirft, die über die reine Genetik hinausgehen. In der modernen Epigenetik sind es Fallstudien, die eindrucksvoll verdeutlichen, wie Ahnenforschung und Epigenetik miteinander verschmelzen, um die Geschichte und die Gesundheit einer Familie zu erzählen und zu beeinflussen. Durch das Verständnis dieser Mechanismen ist es möglich, nicht nur Einblicke in vergangene Generationen zu gewinnen, sondern auch zukünftige Entwicklungen besser zu antizipieren.

Zunächst ist es wichtig, die Epigenetik als dynamisches System zu begreifen, das durch äußere Faktoren wie Ernährung, Stress und Umweltbedingungen beeinflusst wird, wie aus Studien hervorgeht (Feil & Fraga, 2012). Diese Faktoren können epigenetische Veränderungen hervorrufen, die möglicherweise über Generationen hinweg weitergegeben werden. Ein bemerkenswertes Beispiel dafür ist die berühmte "Dutch Hunger Winter"-Studie, die zeigt, wie Mangelernährung während der Schwangerschaft epigenetische Veränderungen hervorrufen kann, die sich auf die Kinder und sogar Enkelkinder auswirken (Heijmans et al., 2008).

Eine Fallstudie, die diesen Aspekt veranschaulicht, ist die Untersuchung einer Familie, die über Generationen hinweg in einer Region lebte, die stark von industrieller Verschmutzung geprägt war. Forscher fanden heraus, dass Mitglieder dieser Familie epigenetische Marker aufwiesen, die mit Atemwegserkrankungen in Verbindung gebracht werden, wie durch die Untersuchung der Methylierungsmuster ihrer DNA bestätigt wurde (Jirtle & Skinner, 2007). Diese Studie legt nahe, dass die Umwelteinflüsse einer Generation unerwartete gesundheitliche Konsequenzen für nachfolgende Generationen haben können.

Ein weiteres bemerkenswertes Beispiel ist die Erforschung der Auswirkungen von Stress auf die epigenetischen Marker einer Familie politischer Flüchtlinge. Die geographische Flucht und die Traumata der ersten Generation spiegelten sich in den methylierungsspezifischen Mustern der folgenden Generationen wider, die ein erhöhtes Risiko für

Angststörungen und Depressionen zeigten (Yehuda et al., 2014). Dies hebt die Bedeutung der historischen und kulturellen Kontexte hervor, in denen Familien existieren, und wie diese Einflüsse epigenetisch weitergegeben werden können.

Ein Beispiel, das Hoffnung und den positiven Einfluss von Umwelt- und Lebensstiländerungen illustriert, ist eine Untersuchung einer Familie mit Neigung zu Herz-Kreislauf-Erkrankungen. Durch die Hinwendung zu einer gesünderen Lebensweise und Veränderungen in der Ernährung zeigten sich bei den jüngsten Generationen verringerte epigenetische Risiken für diese Erkrankungen, was bekräftigt, dass epigenetische Marker nicht statisch, sondern potenziell reversibel sind (Dean & Walter, 2015).

In der Anwendung sowohl der Ahnenforschung als auch der Epigenetik besteht das Potenzial, individuelle Präventionsstrategien zu entwickeln. Familienrezepte, die über Generationen hinweg weitergegeben werden, die oft als kulturelles Erbe betrachtet werden, können epigenetisch gerechtfertigt sein, wenn sie in den Kontext von Ernährung und Gesundheit gesetzt werden. Solche Überlieferungen könnten möglicherweise erworbene genetische Informationen bewahren, die die Gesundheit und das Wohlbefinden von zukünftigen Generationen beeinflussen.

Abschließend verdeutlichen diese Fallstudien, dass das Verständnis der epigenetischen Marker in Familienge- schichten ein kraftvolles Werkzeug sein kann, um nicht nur die Brücke zwischen Vergangenheit und Gegenwart zu schlagen, sondern auch, um zukünftige Generationen zu schützen. Dieses Verständnis ist entscheidend, um persona- lisierte Wege zur Gesundheitsförderung zu entwickeln, die auf den einzigartigen genetischen und epigenetischen Her- ausforderungen basieren, denen jede Familie gegenüber- steht.

Methodik der epigenetischen Ahnenforschung

Die Methodik der epigenetischen Ahnenforschung beruht auf einer faszinierenden Symbiose aus traditioneller Ah- nenforschung und modernster epigenetischer Analyse. Sie bietet eine einzigartige Möglichkeit, die Verbindungen zwi- schen der Vergangenheit und unserer genetischen Gegen- wart genauer zu untersuchen. Dabei bildet die systemati- sche Herangehensweise an die Forschungsfrage das Rück- grat dieser Disziplin.

Zu Beginn des Forschungsprozesses steht die Erstellung ei- nes detaillierten Stammbaums. Hierbei werden genealogi- sche Methoden angewendet, die darauf abzielen, so viel In- formationen wie möglich über die Vorfahren zu sammeln und zu dokumentieren. Genealogie-Software und Online- Datenbanken spielen hierbei eine entscheidende Rolle, um

Daten zu verwalten und zu analysieren. Diese Quellen können Geburtsurkunden, Hochzeits-, Sterbe- und Immigrationsdokumente sowie Volkszählungen umfassen.

Ein wesentlicher Aspekt in der Methodik der epigenetischen Ahnenforschung ist die Identifikation von Umweltfaktoren und prägenden Ereignissen, die das epigenetische Profil der Vorfahren beeinflusst haben könnten. Historische Ereignisse wie Hungersnöte, Kriege oder auch soziale Faktoren wie Bildung und Beruf werden berücksichtigt. Wissenschaftliche Studien, wie die Untersuchung zur „Dutch Famine" von 1944, haben gezeigt, dass extreme Umweltbedingungen nachhaltige epigenetische Effekte über Generationen hinweg verursachen können (Heijmans et al., 2008).

Nach der Zusammenstellung genealogischer und historischer Daten erfolgt eine gezielte biologische Analyse, die sich auf das epigenetische Profil der lebenden Nachkommen konzentriert. Moderne Technologien wie das Bisulfit-Sequenzieren ermöglichen die Analyse von DNA-Methylierungsmustern. Parallel dazu werden Techniken zur Untersuchung von Histonmodifikationen und nicht-kodierenden RNAs angewendet, um ein vollständiges Bild des epigenetischen Status zu erstellen.

Der strategische Einsatz von modernen Bioinformatik-Tools ist entscheidend, um die komplexen Datenmengen zu verarbeiten und Muster zu identifizieren. Diese Programme helfen dabei, die Zusammenhänge zwischen den gesammelten historischen Fakten und den beobachteten epigenetischen Markern herzustellen. Beispielsweise kann ein Computerprogramm Unterschiede in den Methylierungsprofilen korrelieren und mit bekannten Umweltfaktoren aus der Vergangenheit in Verbindung bringen.

Ein weiterer methodischer Ansatz ist die Verwendung Fall-Kontroll-Studien, in denen Familien mit spezifischen historischen Belastungen mit Kontrollfamilien, die solchen Belastungen nicht ausgesetzt waren, verglichen werden. Diese Studien ermöglichen es, präzise Hypothesen über die transgenerationale Vererbung von epigenetischen Markern aufzustellen und zu prüfen.

Die methodische Vielfalt in der epigenetischen Ahnenforschung eröffnet Forschern die Möglichkeit, differenzierte Erkenntnisse zu gewinnen und Verständnislücken zwischen der individualistischen Sicht auf Genetik und der kollektiven Sicht auf historische Erfahrungen zu schließen. Die Kombination von Ahnenforschung und Epigenetik stellt sicher, dass wir nicht nur unsere genetische Herkunft, sondern auch die epigenetischen Auswirkungen der Erfahrungen unserer Vorfahren vollständig verstehen können.

Ethische Überlegungen in der Ahnen-Epigentik

Die Erforschung der Ahnen-Epigentik eröffnet faszinierende Einblicke in die Verknüpfung von Vergangenem und Gegenwärtigem. Doch wie in vielen wissenschaftlichen Disziplinen ergibt sich auch hier die Notwendigkeit, ethische Richtlinien zu definieren und zu beachten. Dies betrifft sowohl die wissenschaftliche Praxis als auch den persönlichen Umgang mit Informationen, die aus genetischen und epigenetischen Analysen gewonnen werden.

Ein zentraler ethischer Aspekt in der Ahnen-Epigentik ist der Umgang mit der individuellen Selbstbestimmung. Personen, deren genetische Daten analysiert werden, sollten vollumfänglich über die Verfahren und die möglichen Konsequenzen informiert werden. Das Prinzip der informierten Einwilligung ist hier von entscheidender Bedeutung. Die Forschung darf nicht unbeabsichtigte oder ungeliebte Konsequenzen für die Betroffenen hervorrufen, etwa durch die Offenlegung unerwünschter familiärer Verbindungen oder durch Diskriminierung auf Basis genetischer Befunde.

Darüber hinaus gibt es die wichtige Frage des Datenschutzes. Genetische und epigenetische Informationen sind nicht nur persönlich, sondern können auch über Generationen hinweg auf zukünftige Familienmitglieder hindeuten. Die Aufbewahrung und der Schutz dieser Daten erfordern höchste Sicherheitsstandards, um zu verhindern, dass sie in unautorisierte Hände gelangen oder missbraucht werden.

Laut einem Bericht der UNESCO zur genetischen Forschung ist der Schutz menschlicher genetischer Daten ein zentrales Anliegen, das sicherstellen soll, dass diese Informationen respektvoll und verantwortungsbewusst behandelt werden (UNESCO, 2005).

Weiterhin ist die Frage der gerechten Verteilung von Wissen und Technologie zu berücksichtigen. Der Zugang zu fortschrittlichen epigenetischen Analysen darf nicht auf privilegierte Gruppen beschränkt sein, sondern sollte so gestaltet werden, dass er möglichst vielen Menschen zugänglich wird. Dies hat sowohl ethische als auch soziale Dimensionen, da ungleicher Zugang zu Wissen und Technologien bestehende gesundheitliche und soziale Ungleichheiten vertiefen kann.

Auch die kulturelle Sensibilität spielt eine Rolle in der ahnenbezogenen Forschung. Verschiedene Kulturen haben unterschiedliche Ansichten über Abstammung und die Bedeutung genetischer Daten. Die Forschung sollte diese Unterschiede respektieren und das Risiko vermeiden, kulturelle Praktiken und Überzeugungen zu missachten. Der Dialog mit verschiedenen ethnischen und kulturellen Gemeinschaften ist unerlässlich, um ein umfassendes Verständnis und einen respektvollen Umgang zu gewährleisten.

Schließlich müssen sich Wissenschaftler auch mit der Möglichkeit von Fehlinterpretationen und Missinformationen auseinandersetzen. Es ist entscheidend, dass wissenschaftliche Resultate klar, präzise und kontextualisiert kommuniziert werden, um Missverständnisse zu vermeiden. Der Werdegang der populären Vermarktung von genetischen Informationen zeigt, dass ungenaue oder überzogene Darstellungen zu Fehlinformationen führen können, die die öffentliche Wahrnehmung verfälschen (Gibbs, 2018).

Zusammenfassend lässt sich sagen, dass die ethischen Überlegungen in der Ahnen-Epigentik so vielfältig sind wie das Gebiet selbst. Die Einhaltung ethischer Standards ist von kritischer Bedeutung, um sicherzustellen, dass die wissenschaftlichen Erkenntnisse auf verantwortungsvolle Weise gewonnen und genutzt werden. Nur so kann sichergestellt werden, dass diese Forschung nicht nur zur Erweiterung unseres Wissens beiträgt, sondern auch im besten Interesse der beteiligten Individuen und Gemeinschaften steht.

Quellen:

UNESCO (2005). "Declaration on Bioethics and Human Rights." Section on the protection of human genetic data.

Gibbs, R. (2018). "Genomics and the Human Genome: Implications for Society." International Journal of Genomics, Volume 2018.

Praktische Anwendungen der Ahnenforschung in der Epigenetik

In der modernen Forschung zur Epigenetik hat sich die Rolle der Ahnenforschung als wertvolles Werkzeug zur Entschlüsselung komplexer biologischer und genetischer Verbindungen erwiesen. Diese interdisziplinäre Herangehensweise bietet nicht nur faszinierende Einblicke in die Vergangenheit, sondern bietet auch praktische Anwendungen, die sowohl die medizinische Forschung als auch die persönliche und familiäre Gesundheit verbessern können.

Ein zentraler Aspekt der praktischen Anwendung der Ahnenforschung in der Epigenetik ist die Identifizierung von vererbten Gesundheitsrisiken. Genomische Analysen gepaart mit genealogischen Daten können Familien vorsorglich über genetische Prädispositionen für bestimmte Krankheiten informieren. Zum Beispiel zeigt eine Studie von Jablonka und Lamb (2005), dass Umweltfaktoren, die unsere Vorfahren beeinflusst haben, epigenetische Marker hinterlassen, die noch Generationen später unsere Gesundheit beeinflussen können. Durch die Rekonstruktion familiärer Krankheitsgeschichten können Medizinische Fachkräfte Strategien entwickeln, um das Risiko von Erkrankungen wie Diabetes oder Herz-Kreislauf-Beschwerden zu mindern.

Darüber hinaus unterstützt die Untersuchung der epigenetischen Spuren in Familiengeschichten nicht nur die Vorhersage von Gesundheitsrisiken, sondern auch die Vermeidung von Krankheiten. Dies geschieht durch eine maßgeschneiderte Präventivmedizin, die individuelle Lebensstile, Ernährungsgewohnheiten und Umwelteinflüsse berücksichtigt. Solche personalisierten Ansätze haben das Potenzial, präventive und therapeutische Maßnahmen zu revolutionieren.

Ein weiteres Anwendungsgebiet, in dem die Ahnenforschung der Epigenetik zugutekommt, ist die Reproduktionstechnologie und Fruchtbarkeitsbehandlung. Durch die Bewertung der epigenetischen Signaturen über Generationen hinweg können Forscher Anhaltspunkte für einige der unerklärlichen Ursachen von Unfruchtbarkeit und genetisch bedingten Fehlgeburten finden. Diese Erkenntnisse bieten wertvolle Daten, um neue Behandlungsmethoden zu entwickeln, die speziell auf genetische und epigenetische Anomalien abzielen.

Des Weiteren hat die Anwendung von Ahnenforschung in der Epigenetik großes Potenzial im Bereich der Psychologie und Neurowissenschaften. Verständnis darüber, wie Stresserfahrungen und Traumata eine epigenetische Prägung durch mehrere Generationen hinterlassen können, führt zu neuen Therapieverfahren, die darauf abzielen, epigenetische Modifikationen zurückzusetzen oder zu kompensieren, die mit psychischen Erkrankungen in Verbindung stehen. Yehuda et al. (2013) beispielsweise haben gezeigt, dass die Kinder von Holocaust-Überlebenden eine veränderte Cortisolreaktion aufweisen, was eine epigenetische Vererbung des traumatischen Erlebnisses nahelegt.

Letztlich trägt die Integration von Ahnenforschung in die epigenetische Forschung auch zur Biodiversitätsforschung und Artenerhaltung bei. Durch die Untersuchung epigenetischer Veränderungen in historischen Populationen können Erkenntnisse über die Anpassung an vergangene klimatische Veränderungen gewonnen werden. Diese Informationen sind entscheidend für den Naturschutz, da sie vorausschauende Maßnahmen ermöglichen, um den Einfluss zukünftiger Umweltveränderungen auf gefährdete Arten abzumildern.

Die Kombination von Ahnenforschung und moderner epigenetischer Analyse eröffnet ein breites Spektrum praktischer Anwendungsmöglichkeiten, die über das rein akademische Interesse hinausgehen und in realen Lösungen münden können. Solche interdisziplinären Ansätze tragen nicht nur zur Erweiterung unseres Wissens über menschliche Vererbung und Gesundheit bei, sondern ebnen auch den Weg für innovative Technologien und Praktiken, die zu einem besseren Verständnis der komplexen Mechanismen führen, die unsere Gesundheit, unser Verhalten und unsere Umwelt beeinflussen.

Zukünftige Perspektiven der Ahnen-Epigentik

Die Ahnen-Epigentik hat das Potenzial, unser Verständnis von vererbbaren biologischen Veränderungen entscheidend zu erweitern. Während unsere genetische Ausstattung weitgehend unveränderlich ist, bietet die Epigenetik einen faszinierenden Einblick in die Dynamik, wie Umweltfaktoren und Lebenserfahrungen unserer Vorfahren unsere heutige genetische Ausdrucksweise beeinflussen können.

Zukünftige Perspektiven in der Ahnen-Epigentik beschäftigen sich damit, diese komplexen Wechselwirkungen zwischen Vergangenheit und Gegenwart weiter zu erforschen. Eine der aufregendsten Entwicklungen in diesem Bereich ist die Verbesserung der Technologien zur Erkennung und Analyse epigenetischer Markierungen. Fortgeschrittene Techniken der DNA-Sequenzierung sowie computergestützte Analysemethoden bieten zunehmend detaillierte Einsichten, die weit über das hinausgehen, was bisher möglich war.

Es wird erwartet, dass diese Fortschritte es ermöglichen, spezifische Muster zu identifizieren, mit denen Lebensbedingungen oder Ereignisse aus der Vergangenheit epigenetische Veränderungen hervorrufen, die bis heute in unseren Genen erhalten bleiben. Diese Erkenntnisse könnten revolutionäre Auswirkungen auf die Medizin haben, indem sie zur Entwicklung personalisierter Gesundheitsstrategien beitragen, die auf individuellen epigenetischen Profilen basieren.

Ein weiteres interessantes Zukunftsversprechen liegt in der interdisziplinären Zusammenarbeit zwischen Genetikern, Historikern und Sozialwissenschaftlern. Durch die Kombination von historischen Daten und epigenetischen Mustern können tiefere Einblicke gewonnen werden, wie historische Ereignisse wie Hungersnöte, Kriege oder massive soziale Veränderungen in das epigenetische Erbe eingewoben sind. Studien zeigen bereits, dass insbesondere traumatische Erlebnisse über Generationen hinweg Spuren hinterlassen. Während diese Hypothesen zwar ansprechend sind, sind noch umfangreiche Forschungen und verfeinerte Modelle notwendig, um diese Annahmen vollständig zu belegen. Diese Entwicklungen könnten jedoch die medizinische und psychologische Betreuung zukünftiger Generationen nachhaltig verändern.

Ein kritischer Faktor, der für die Entwicklung der Ahnen-Epigentik von Bedeutung sein wird, ist die ethische Bewertung und der Datenschutz. Angesichts der immensen Datenmengen, die gesammelt und analysiert werden, müssen strenge gesetzliche Rahmenbedingungen entwickelt werden, um den Schutz der individuellen Privatsphäre zu gewährleisten. Ethische Fragen stellen sich auch in Bezug auf prädiktive Analysen: Wie werden Individuen und Gesellschaften mit dem Wissen umgehen, welche Krankheiten sie möglicherweise aufgrund vergangener epigenetischer Veränderungen entwickeln könnten?

Zusammenfassend lässt sich sagen, dass die Ahnen-Epigentik an einem spannenden Scheideweg steht. Die rasante Weiterentwicklung technologischer und wissenschaftlicher Methoden, gepaart mit zunehmendem Bewusstsein für die Bedeutung unserer epigenetischen Geschichte, verspricht tiefgreifende Erkenntnisse und Anwendungen, die weit über die klassischen Grenzen der Genetik hinausgehen. Diese Zukunftsperspektiven eröffnen nicht nur ein neues Verständnis davon, wie die Vergangenheit in unsere Gegenwart eingreift, sondern bieten auch das Potenzial, die Art und Weise zu verändern, wie wir Gesundheit, Erbe und Gene in der Gesamtheit betrachten. Die kommenden Jahre werden entscheidend sein, um das volle Potenzial der Ahnen-Epigentik auszuschöpfen und die Weichen für eine generationenübergreifende gesundheitsfördernde Strategie zu stellen.

Epigenetische Mechanismen: DNA-Methylierung, Histonmodifikation und nicht-kodierende RNA

Grundlagen der DNA-Methylierung

Die DNA-Methylierung ist ein fundamentaler Mechanismus der epigenetischen Regulation, der auf eindrucksvolle Weise verdeutlicht, wie das Erbgut nicht nur durch die Abfolge der Basen, sondern auch durch chemische Modifikationen der DNA selbst beeinflusst werden kann. Dieses Phänomen ist nicht nur ein Schlüssel zum Verständnis der epigenetischen Vererbung, sondern auch essenziell für die Entschlüsselung der individuellen biologischen Vielfalt und der Anpassungsfähigkeit von Organismen an ihre Umwelt.

Die DNA-Methylierung erfolgt durch das Anfügen von Methylgruppen an die Cytosinbasen der DNA, insbesondere an Stellen, die als CpG-Dinukleotide bekannt sind. Diese chemische Modifikation verändert jedoch nicht die Basenabfolge, sondern beeinflusst die Wechselwirkungen der DNA mit Proteinen, insbesondere mit Transkriptionsfaktoren. Der Prozess wird üblicherweise von Enzymen der sogenannten DNA-Methyltransferasen (DNMTs) vermittelt, die die Methylgruppen von einem Donormolekül auf die

DNA übertragen (Bird, A. (2002). DNA methylation patterns and epigenetic memory. _Genes & Development_, 16(1), 6-21).

Ein charakteristisches Merkmal vieler eukaryotischer Genome ist die Präsenz von CpG-Inseln, die sich häufig in oder in der Nähe von Promotorregionen vieler Gene befinden. Diese Regionen sind in der Regel nicht-methyliert, was die Transkriptionsaktivität der Gene ermöglicht. Wenn jedoch Methylierung auftritt, wird die Expression von Genen oft unterdrückt, indem die Anlagerung von Transkriptionsfaktoren behindert oder die Rekrutierung von Proteinen gefördert wird, die die Chromatinstruktur kondensieren und somit den Zugang zur DNA verhindern (Jones, P. A., & Baylin, S. B. (2002). The fundamental role of epigenetic events in cancer. _Nature Reviews Genetics_, 3(6), 415-428).

Die Bedeutung der DNA-Methylierung geht jedoch über die einfache Genstilllegung hinaus. Sie spielt auch eine wesentliche Rolle bei der genomischen Prägung, X-Chromosom-Inaktivierung, Sicherstellung der Stabilität von retrotransposonischen Elementen und bei der epigenetischen Steuerung von Entwicklungsprozessen. Genomische Prägung zum Beispiel ist ein Prozess, bei dem Gene abhängig von ihrer elterlichen Herkunft unterschiedlich exprimiert werden, und die DNA-Methylierung ist hierbei ein entscheidender Modifikator (Reik, W., & Walter, J. (2001).

Genomic imprinting: parental influence on the genome. _Nature Reviews Genetics_, 2(1), 21-32).

Die Untersuchung der DNA-Methylierung hat durch die Fortschritte in der Sequenzierungstechnologie erheblich an Bedeutung gewonnen. Methoden wie das Bisulfit-Sequenzieren ermöglichen es, methyliertes von unmethyliertem Cytosin zu unterscheiden, was detaillierte Methylom-Analysen auf zellulärer Ebene erlaubt. Dies ist besonders wichtig bei der Untersuchung humaner Krankheiten, wie Krebs, bei dem abnorme Methylierungsmuster häufig zu einer Deregulierung von kritischen Genen führen (Laird, P. W. (2003). The power and the promise of DNA methylation markers. _Nature Reviews Cancer_, 3(4), 253-266).

Trotz der Fortschritte gibt es noch zahlreiche Fragen, die geklärt werden müssen, wie etwa die genauen Mechanismen, durch die Umweltfaktoren die DNA-Methylierung beeinflussen, und wie diese Modifikationen über mehrere Generationen hinweg weitergegeben werden. Die Erforschung solcher Mechanismen hat das Potenzial, nicht nur ein tieferes Verständnis der epigenetischen Vererbung zu liefern, sondern auch neue therapeutische Ansätze für komplexe Erkrankungen zu entwickeln.

In der Gesamtheit zeigt uns die DNA-Methylierung, dass unser Erbgut weit mehr ist als nur die Summe unserer Gene, und dass die Chemie, die auf unserer DNA wirkt, entscheidend für die biologische Vielfalt und die

Anpassungsfähigkeit von Lebewesen sind – eine faszinierende Brücke zwischen der Vergangenheit und der Zukunft. Der wachsende Bereich der Epigenetik unterstreicht
somit die komplexen Wechselwirkungen zwischen Genom
und Umwelt. Eine tiefere Einsicht in diese Verbindungen
hat das Potenzial, unser Verständnis der Biologie und der
Genealogie neu zu definieren.

Bedeutung der DNA-Methylierung in der Gene Expression

Die DNA-Methylierung ist ein essenzieller Prozess in der
epigenetischen Regulation, der die Expression von Genen
auf zellulärer Ebene tiefgreifend beeinflusst. Dieser Vor-
gang spielt eine wesentliche Rolle in der Modulation der
Genaktivität, indem er spezifische Methylgruppen an die
DNA-Sequenz anlagert, ohne die eigentliche Sequenz zu
verändern. Ein besseres Verständnis der DNA-Methylierung bietet wertvolle Einblicke in ihre Auswirkungen auf
die Gene Expression und darauf, wie diese Mechanismen
zwischen Generationen weitergegeben werden könnten.

Zentral für die DNA-Methylierung ist ihre Fähigkeit, die
Struktur des Chromatins zu modifizieren und damit den
Zugang des Transkriptionsapparats zu spezifischen Genbe-
reichen zu regulieren. Wenn Methylgruppen an

Cytosinbasen innerhalb von CpG-Dinukleotiden angeheftet werden, führt dies in der Regel zu einer Verdichtung des Chromatins. Dieser Prozess hemmt die Bindung von Transkriptionsfaktoren sowie RNA-Polymerasen an die DNA, was schließlich zur Unterdrückung der Gentranskription führt. Die Methylierung fungiert hier quasi als molekularer Schalter, der Gene „an" oder „aus" schaltet, abhängig von den Anforderungen der Zelle oder des Organismus.

Ein bemerkenswerter Aspekt der DNA-Methylierung ist ihre Rolle in der Zelldifferenzierung und der Entwicklung. Bereits während der embryonalen Entwicklung stellt die DNA-Methylierung sicher, dass Gene in einem zelltypspezifischen Zusammenhang entweder aktiviert oder unterdrückt werden. Diese pränatale Prägung schafft die Grundlage für die lebenslange Funktionalität jeder Zelle, indem sie deren genetisches Potential kanalisiert und gleichzeitig eines ihrer wichtigsten Merkmale – ihre Identität – bewahrt. Verschiedene Studien haben gezeigt, dass Veränderungen in der DNA-Methylierung eng mit Entwicklungsstörungen und Krankheiten wie Krebs in Verbindung gebracht werden können (Bernstein et al., 2007; Esteller, 2008).

Des Weiteren ist festzuhalten, dass die DNA-Methylierung ebenso in der Regulation von Genen eine Bedeutung hat, die auf Umwelteinflüsse und externe Stimuli reagieren. Dies wird als eine Form der „epigenetischen Plastizität" angesehen, in der Umwelteinflüsse geografisch, temporäre oder stressbezogene Signale darstellen und mithilfe der

Methylierung die Genomexpression angepasst wird (Feinberg & Irizarry, 2010).

Darüber hinaus modifiziert die DNA-Methylierung auch Imprinting-Mechanismen, durch die bestimmte Gene je nach ihrer elterlichen Herkunft exprimiert oder unterdrückt werden. Diese Prozesse zeigen, wie eng die DNA-Methylierung mit der Evolution und der Anpassungsfähigkeit von Organismen verbunden ist, indem sie flexible, aber stabile Wege zur Aufrechterhaltung von Genfunktionen in unterschiedlichen ökologischen und evolutionären Kontexten bietet (Reik & Walter, 2001).

Schließlich ist zu erwähnen, dass die Möglichkeiten der DNA-Methylierung nicht nur für die biologische und medizinische Forschung von Bedeutung sind. In der Ahnenforschung, insbesondere in der "Ahnen-Epigenetik", wird deutlich, dass die Methylierung eine große Rolle spielt in der Frage, wie epigenetische Erinnerungen oder Marker über Generationen hinweg weitergegeben werden können. Hierzu gehören auch die Fragestellungen, wie unsere Vorfahren möglicherweise auf ihre Umwelt reagierten und wie diese Reaktionen in Form von epigenetischen Markierungen weitergegeben wurden.

Zusammenfassend lässt sich sagen, dass die DNA-Methylierung einen dynamischen und vielfältigen Einfluss auf die

Gene Expression hat. Diese Erkenntnisse eröffnen uns nicht nur ein tieferes Verständnis des genetischen Verhaltens, sondern auch der epigenetischen Vererbung und ihrer Bedeutung in einem breiteren evolutionären und biologischen Rahmen.

Quellen:

Bernstein, B. E., Meissner, A., & Lander, E. S. (2007). The mammalian epigenome. *Cell*, 128(4), 669-681.

Esteller, M. (2008). Epigenetics in cancer. *New England Journal of Medicine*, 358(11), 1148-1159.

Feinberg, A. P., & Irizarry, R. A. (2010). Evolution in health and medicine Sackler colloquium: stochastic epigenetic variation as a driving force of development, evolutionary adaptation, and disease. *Proceedings of the National Academy of Sciences*, 107(Supplement 1), 1757-1764.

Reik, W., & Walter, J. (2001). Genomic imprinting: parental influence on the genome. *Nature Reviews Genetics*, 2(1), 21-32.

Histonmodifikation: Acetylierung und Methylierung

Die Modifikation von Histonen stellt einen bedeutenden Mechanismus innerhalb der epigenetischen Regulierung dar, der entscheidend zur Kontrolle der Genexpression beiträgt. Kernkompetenten im Verständnis dieser

Mechanismen sind die beiden Hauptmodifikationen: Acetylierung und Methylierung der Histone.

Histonproteine sind wesentliche Komponenten der Chromatinstruktur, um die DNA in den Zellkernen der Organismen organisiert und verpackt zu halten. Diese Proteine können durch verschiedene chemische Modifikationen verändert werden, wodurch sich ihre Interaktion mit der DNA und anderen nuklearen Proteinen verändert. Diese Veränderung beeinflusst maßgeblich, ob ein Gen aktiviert oder stillgelegt wird.

Histon-Acetylierung

Die Acetylierung von Histonen, hauptsächlich innerhalb der Lysinreste der Histon-Tails, ist eine Modifikation, die in der Regel die Transkriptionalaktivität eines Gens fördert. Dieser Prozess wird durch Enzyme namens Histonacetyltransferasen (HATs) katalysiert, die Acetylgruppen von Acetyl-CoA auf bestimmte Lysinreste in Histonproteinen übertragen. Diese Zugabe von Acetylgruppen neutralisiert die positive Ladung des Lysinrestes und reduziert somit die Affinität der Histone zu negativ geladenen DNA-Strängen. Folglich wird das Chromatin strukturell gelockerter, was Transkriptionsfaktoren und anderen Regulatoren den Zugang zur DNA erleichtert und dadurch die Genexpression fördert (Zhou et al., 2012).

Die Entfernung der Acetylgruppen, bekannt als Deacetylierung, geschieht durch Histondeacetylasen (HDACs) und führt zu einer Condensation des Chromatins, das als "transcriptional silence" bekannt ist. Die Balance zwischen Acetylierung und Deacetylierung, beeinflusst durch HATs und HDACs, ist entscheidend für die dynamische Kontrolle epigenetischer Markierungen und die damit verbundene Regulationsmechanismen der Genexpression.

Histon-Methylierung

Im Gegensatz zur Acetylierung, kann die Methylierung von Histonen entweder aktivierende oder repressive Auswirkungen auf die Genexpression haben. Diese Modifikation involviert die Addition einer oder mehrerer Methylgruppen an Lysin- oder Argininreste der Histonproteine durch Enzyme, die als Histonmethyltransferasen (HMTs) bekannt sind. Die Wirkung der Methylierung hängt von dem spezifischen Ort und der Anzahl der angebrachten Methylgruppen ab.

Methylierung von Histon-H3 an Lysin-4 (H3K4me), zum Beispiel, wird üblicherweise mit aktiven Transkriptionsstellen in Verbindung gebracht, während Methylierung an Histon-H3 an Lysin-9 (H3K9me) oft als Marker für transkriptionelles Schweigen dient (Kouzarides, 2007). Die Enzyme, die zur Entfernung dieser Methylgruppen dienen, werden als Histondemethylasen bezeichnet und spielen eine genauso wichtige Rolle in der Regulierung der Genexpression.

Zusätzlich zu ihrer unmittelbaren Rolle in der Steuerung der Genexpression, interagieren sowohl die Acetylierung als auch die Methylierung von Histonen mit weiteren epigenetischen Mechanismen. Diese Wechselwirkungen sind entscheidend dafür, dass die komplexe und flexible Regulation des Genoms in verschiedenen Zelltypen und -stadien möglich ist.

Zusammenfassend stellt die Histonmodifikation einen zentralen epigenetischen Mechanismus dar, der eine plastische und anpassungsfähige Veränderung der Chromatinstruktur ermöglicht, die essentiell ist für die zelluläre Funktionalität und Anpassungsfähigkeit. Fortwährendes wissenschaftliches Engagement ist erforderlich, um die mannigfaltigen Facetten und fast unerschöpflichen Potenziale der Histonmodifikation zu entschlüsseln.

Einfluss von Histonmodifikationen auf die Chromatinstruktur

Die Histonmodifikation stellt einen der zentralen Mechanismen der epigenetischen Regulation dar und spielt eine entscheidende Rolle bei der Veränderung der Chromatinstruktur. Diese Veränderungen beeinflussen wesentlich, wie zugänglich die DNA für die zelluläre Maschinerie ist, die die genetische Information abliest und nutzt. Es ist essentiell zu verstehen, dass die Histone – Proteine, um die die DNA gewickelt ist – durch verschiedene chemische Modifikationen, wie Acetylierung, Methylierung, Phosphorylierung, Ubiquitinierung und Sumoylierung, verändert werden können. Diese Modifikationen beeinflussen die Packungsdichte des Chromatins und somit die Transkriptionsaktivität der Gene.

Ein zentraler Aspekt der Histonmodifikation ist die Acetylierung, bei der eine Acetylgruppe an Lysinreste der Histonproteine angehängt wird. Diese wird typischerweise durch Histonacetyltransferasen (HAT) vermittelt und führt in der Regel zur Öffnung der Chromatinstruktur, was die Transkription von Genen fördert. Umgekehrt entfernen Histondeacetylasen (HDAC) diese Gruppen, was im Allgemeinen die Chromatinstruktur verfestigt und zur Genstilllegung beiträgt (Kouzarides, 2007).

Die Methylierung von Histonen, eine weitere bedeutende Modifikation, kann sowohl die Aktivierung als auch die Repression von Genen je nach Ort und Anzahl der Methylgruppen beeinflussen. Histonmethyltransferasen (HMTs) können Methylgruppen an Lysin- oder Argininreste binden, was die Chromatinstruktur verdichten und Gene inaktivieren oder im Falle spezifischer Methylierungsmuster auch Gene aktivieren kann (Jenuwein & Allis, 2001).

Es ist bemerkenswert, dass die Kombination aus verschiedenen Modifikationen oft wie eine Art epigenetischer Code funktioniert, der bestimmt, welche Gene in einer Zelle aktiv sind. Diese Kombination stellt eine zusätzliche Ebene der Genregulation dar, die es der Zelle ermöglicht, flexibel auf Umweltveränderungen zu reagieren, ohne die genetische Blaupause zu ändern. Ein bekanntes Beispiel ist die sogenannte 'histone code hypothesis', die diese Mehrschichtigkeit der Histonmodifikation beschreibt und auf die dynamische Kontrolle der Genexpression hinweist (Strahl & Allis, 2000).

Ferner können Umweltfaktoren, Stress, Ernährung und andere externe Einflüsse signifikante Änderungen der Histonmodifikationen bewirken. Solche Veränderungen sind oft nachhaltig und können in einigen Fällen sogar über Generationen hinweg vererbt werden, was die epigenetische Vererbung unterstreicht (Feil & Fraga, 2011). Diese Aspekte sind besonders relevant im Kontext der Ahnen-Epigenetik, da sie helfen zu erklären, wie bestimmte Lebensweisen und Umweltbedingungen unserer Vorfahren die biologische und gesundheitliche Landschaft der Nachkommen prägen können.

Zusammenfassend tragen Histonmodifikationen wesentlich zur dynamischen Regulation der Chromatinstruktur bei. Sie bieten einzigartige Mechanismen, durch die Zellen auf Signale aus ihrer Umgebung reagieren und Diese Modifikationen sind daher nicht nur für die grundlegende Zellbiologie von Interesse, sondern auch für das Verständnis komplexer Phänomene wie der Vererbung epigenetischer Merkmale über Generationen hinweg. Die Erforschung der Einflüsse von Histonmodifikationen eröffnet somit neue Perspektiven für die Deutung der Wechselwirkungen zwischen Geschichte, Umwelt und Genexpression, was unserer Meinung nach ein faszinierendes Forschungsfeld mit weitreichenden Implikationen darstellt.

Quellen:

Jenuwein, T., & Allis, C. D. (2001). Translating the histone code. Science, 293(5532), 1074-1080.

Kouzarides, T. (2007). Chromatin modifications and their function. Cell, 128(4), 693-705.

Strahl, B. D., & Allis, C. D. (2000). The language of covalent histone modifications. Nature, 403(6765), 41-45.

Feil, R., & Fraga, M. F. (2011). Epigenetics and the environment: emerging patterns and implications. Nature Reviews Genetics, 13(2), 97-109.

Funktion und Typen von nicht-kodierender RNA

In der faszinierenden Welt der Epigenetik nehmen nicht-kodierende RNAs (ncRNAs) eine entscheidende Rolle ein, die es zu verstehen gilt, um die komplexen Mechanismen der Genregulation zu entschlüsseln. Nicht-kodierende RNAs unterscheiden sich grundlegend von ihren proteinkodierenden Verwandten. Während die Standardaufgabe der RNA traditionally, die DNA-Informationen in Proteine umzusetzen, für die Biologie von eklatanter Bedeutung ist, haben ncRNAs keine solche Funktion. Stattdessen agieren sie als Regulatoren vielfältiger genetischer und zellulärer Prozesse. Um den Einfluss nicht-kodierender RNAs voll zu begreifen, ist es essenziell, ihre verschiedenen Typen und ihre jeweiligen Funktionen zu beleuchten.

Nicht-kodierende RNAs können in verschiedene Kategorien unterteilt werden, abhängig von ihrer Länge und ihrem Mechanismus. Zu den wichtigsten ncRNA-Typen gehören Mikro-RNAs (miRNAs), lange nicht-kodierende RNAs (lncRNAs), kleine interferierende RNAs (siRNAs) sowie piwi-interacting RNAs (piRNAs). Jede dieser RNAs hat eigene, spezifische Funktionen, die sie in der epigenetischen Landschaft übernehmen.

Mikro-RNAs (miRNAs) sind kurze, etwa 21–25 Nukleotide lange RNA-Moleküle, die in der Regel posttranskriptionell wirken, indem sie an komplementäre Sequenzen in Ziel-mRNAs binden. Diese Bindung kann zur Hemmung der Translation oder zum Abbau der Ziel-mRNA führen. Durch die Regulation der Genexpression beeinflussen miRNAs zahlreiche biologische Prozesse und sind in der Lage, Zellwachstum, Differenzierung und Apoptose (Zelltod) zu steuern (Bartel DP, 2004. "MicroRNAs: Genomics, Biogenesis, Mechanism, and Function." Cell).

Lange nicht-kodierende RNAs (lncRNAs) umfassen Sequenzen von mehr als 200 Nukleotiden und sind bekannt für ihre vielfältigen Rollen in der epigenetischen Regulation. Sie sind fähig, Proteinkomplexe zu rekrutieren, die Chromatin-Strukturen modifizieren oder spezifische Genregionen aktivieren oder hemmen. LncRNAs können als Gerüst für molekulare Interaktionen dienen, die Organisation von Chromosomen beeinflussen oder als Vorläufer für kleinere ncRNAs fungieren (Ponting CP, Oliver PL, Reik W, 2009. "Evolution and Functions of Long Noncoding RNAs." Cell).

Kleine interferierende RNAs (siRNAs) sind doppelsträngige RNA-Moleküle, die eine Länge von etwa 20–25 Basenpaaren aufweisen. Sie sind vor allem durch ihre Rolle bei der RNA-Interferenz (RNAi) bekannt, einem Mechanismus der Genregulation, bei dem spezifische mRNAs durch Abbau zum Schweigen gebracht werden. SiRNAs können experimentell eingesetzt werden, um die Expression von Genen gezielt zu unterdrücken, was sie zu mächtigen Werkzeugen in der Forschung und potenziellen therapeutischen Anwendungen macht.

Piwi-interacting RNAs (piRNAs) sind bemerkenswert für ihre Beteiligung an der Aufrechterhaltung genomischer Integrität. Sie sind typischerweise etwa 26–31 Nukleotide lang und interagieren spezifisch mit Proteinen der Piwi-Familie. Ihre Hauptaufgabe besteht darin, die Mobilität von Transposons, auch bekannt als springende Gene, zu kontrollieren, die in Keimbahnzellen Genommutationen verursachen könnten. Ihr Schutz des genetischen Materials spielt eine kritische Rolle für die genetische Stabilität der nächsten Generation (Aravin AA, Hannon GJ, Brennecke J, 2007. "The Piwi-piRNA Pathway Provides an Adaptive Defense in the Transposon Arms Race." Science).

Die Bedeutung der ncRNAs in der epigenetischen Regulation wird durch ihre Fähigkeit unterstrichen, sowohl im zellulären Kontext als auch in der Entwicklungsbiologie eine Vielzahl an Genaktivitäten zu orchestrieren. Ihre Komplexität und Vielseitigkeit bieten unschätzbare Einblicke in die feingliedrige Regulation des Genoms und verdeutlichen die Notwendigkeit, ihre Rolle im Kontext der Ahnen-Epigentik weiter zu erforschen.

Rolle nicht-kodierender RNA in der epigenetischen Regulation

In der facettenreichen Welt der Epigenetik spielen nicht-kodierende RNAs (ncRNA) eine entscheidende Rolle bei der Regulation genetischer Informationen, ohne dass sie direkt in Proteine übersetzt werden. Obwohl vor nicht allzu langer Zeit als "junk" oder nicht bedeutend abgetan, hat die Forschung in den letzten Jahren gezeigt, dass ncRNAs von essenzieller Bedeutung in der Kontrolle epigenetischer Muster sind. Diese Kontrolle erfolgt auf vielfältige Weise, von der Regulation der Genexpression bis hin zur Modifikation der epigenetischen Landschaft.

Die wohl am meisten untersuchten nicht-kodierenden RNAs sind die microRNAs (miRNA) und die lange nicht-kodierende RNAs (lncRNA). MicroRNAs sind kleine, etwa

22 Nukleotide lange Moleküle, die durch ihre Bindung an Ziel-mRNAs die Translation in Proteine hemmen oder diese sogar zum Abbau führen können. Ihre Bedeutung wurde erstmals durch Victor Ambros in den frühen 1990ern gezeigt, als entdeckt wurde, dass miRNAs eine regulatorische Funktion in der Genexpressionskontrolle erfüllen (Lee et al., 1993).

In der epigenetischen Regulation inhibieren miRNAs häufig Faktoren, die an der Modulation epigenetischer Mechanismen beteiligt sind, wie etwa DNA-Methyltransferasen (DNMTs), Enzyme, die für die Methylierung der DNA verantwortlich sind und somit die Expression von Genen beeinflussen. Ein bemerkenswertes Beispiel ist die Regulation des DNMT3B-Gens durch miR-29, welches direkt die Methylierungsmuster im Genom und somit die epigenetische Landschaft beeinflusst (Fabbri et al., 2007).

Lange nicht-kodierende RNAs hingegen, die viel größere Moleküle von mehr als 200 Nukleotiden darstellen, sind für ihre Fähigkeit bekannt, komplexe Strukturen anzunehmen, die sie dazu befähigen, mit DNA, RNA und Proteinen zu interagieren. Sie sind in zahlreiche zelluläre Prozesse involviert, etwa in die Chromatin-Modellierung, die Transkriptionskontrolle oder die Organisation von Kernstrukturen. LncRNAs wie Xist spielen eine entscheidende Rolle in der X-Chromosom-Inaktivierung, einem Prozess, der für die geschlechtsabhängige Dosiskompensation verantwortlich ist (Brown et al., 1991).

Die Regulation der epigenetischen Mechanismen durch ncRNAs geht jedoch weit über die Hemmung oder Aktivierung hinaus. Nicht-kodierende RNAs sind auch in der Lage, als epigenetische Schalter zu fungieren, die das Potenzial haben, phänotypische Veränderungen herbeizuführen, welche durch Umwelteinflüsse oder während der Entwicklung initiiert werden. Diese Fähigkeit, das Genom auf feine und doch nachhaltige Weise zu beeinflussen, hebt ihre Rolle bei der Vermittlung von epigenetischen Markern durch Generationen hinweg hervor, insbesondere in dem faszinierenden Kontext der Ahnen-Epigentik.

Ein zukunftsträchtiger Aspekt der ncRNA-Forschung, und ein wichtiges Thema im Kontext der Ahnenforschung und Epigenetik, ist ihr Potenzial, Informationen über die Lebenserfahrungen vorheriger Generationen zu vermitteln. Studien haben gezeigt, dass Umwelterfahrungen wie Ernährung oder Stress nicht nur die Genexpression in den betroffenen Individuen ändern, sondern auch ncRNA-Profile in Keimzellen verändern können. Diese Veränderungen haben die Kapazität, auf Nachkommen überzugehen und so epigenetische Informationen über Perioden hinweg zu bewahren (Skvortsova et al., 2018).

Die klare Trennung der nicht-kodierenden RNA in verschiedene funktionale Untergruppen unterstreicht die Komplexität und Vielschichtigkeit ihrer Regulierungsmacht innerhalb der epigenetischen Systeme. Ihr Beitrag zur epigenetischen Regulation ist nicht nur zeugen von unmittelbaren Anpassungen an interne und externe Signale, sondern auch Zeugnis eines dynamischen und adaptiven Systems, das im ständigen Austausch mit der Umgebung steht.

Das Verständnis der Rolle von ncRNAs stellt einen bedeutenden Fortschritt in der Epigenetik dar, der zum Ziel hat, die Verbindungen zwischen unserer genetischen Ausstattung und den erlebten Umwelteinflüssen unserer Vorfahren zu entschlüsseln. Es eröffnet dazu neue Wege, um die Vielfalt der epigenetischen Veränderungen bei der Vererbung und bei der Anpassung an Umweltbedingungen zu erkunden und wirft darüber hinaus faszinierende Fragen über das immaterielle Erbe auf, das Generationen miteinander verbindet.

In einer Zukunft, in der personalisierte Medizinformen und umweltspezifische Behandlungen immer mehr an Bedeutung gewinnen, könnte die tiefere Einsicht in die Rolle der nicht-kodierenden RNA in epigenetischen Prozessen eine entscheidende Rolle dabei spielen, sowohl therapeutische als auch präventive Maßnahmen zielgerichteter zu gestalten und zu verfeinern.

Referenzen:
Fabbri, M., Garzon, R., Cimmino, A., et al. (2007). MicroRNA-29 family reverts aberrant methylation in lung cancer by targeting DNA methyltransferases 3A and 3B. _Proceedings of the National Academy of

Sciences_, 104(40), 15805-15810.

Lee, R. C., Feinbaum, R. L., & Ambros, V. (1993). The C. elegans heterochronic gene lin-4 encodes small RNAs with antisense complementarity to lin-14. _Cell_, 75(5), 843-854.

Brown, C. J., Hendrich, B. D., Rupert, J. L., et al. (1991). The human XIST gene: analysis of a 17 kb inactive X-specific RNA that contains conserved repeats and is highly localized within the nucleus. _Cell_, 71(3), 527-542.

Skvortsova, K., Iovino, N., & Bogdanović, O. (2018). Functions and mechanisms of epigenome evolution. _Nature Reviews Genetics_, 19(9), 508-523.

Vererbung von epigenetischen Markierungen: Mythos oder Realität?

Grundlagen der Epigenetik: Verständnis und Definition

Die Epigenetik, ein faszinierendes und dynamisches Forschungsfeld, widmet sich der Untersuchung von Veränderungen in der Genfunktion, die durch Umweltfaktoren beeinflusst werden, ohne dass es zu Änderungen in der DNA-Sequenz selbst kommt. Diese Veränderungen werden häufig als epigenetische Markierungen bezeichnet, die zwar die Genexpression regulieren, jedoch nicht die zugrunde liegende genetische Information verändern. Diese subtilen, dennoch einflussreichen Mechanismen tragen dazu bei, die bemerkenswerte Vielfalt und Anpassungsfähigkeit des Lebens zu erklären.

Epigenetik leitet sich von dem griechischen Wort "epi" ab, was "auf" oder "über" bedeutet, und impliziert somit, dass epigenetische Faktoren "über den Genen" arbeiten. Der Schlüssel zur Einsicht in die Epigenetik liegt im Verständnis, dass Gene nicht in einem starren Zustand verharren. Vielmehr sind sie Teil eines dynamischen Systems, das auf äußere und innere Umwelteinflüsse reagieren kann. Diese

Anpassungsfähigkeit ist entscheidend für die Entwicklung, das Überleben und sogar die Evolution der Organismen.

Ein zentrales Konzept der Epigenetik ist die Genomplastizität, d. h. die Fähigkeit eines Organismus, seine genetische Expression als Reaktion auf Umweltfaktoren zu modifizieren. Epigenetische Marker, wie DNA-Methylierung und Histonmodifikationen, spielen eine wesentliche Rolle bei der Steuerung der Aktivität von Genen. Diese Modifikationen können die Genexpression, also die Aktivität eines Gens, entweder deaktivieren oder aktivieren, was sich direkt auf das physische Erscheinungsbild und die Funktion eines Organismus auswirkt.

Ein klassisches Beispiel für die Bedeutung von Epigenetik ist die Zellendiversität in einem vielzelligen Organismus. Obwohl jede Zelle im Körper eines Organismus die gleiche DNA-Sequenz enthält, sind die Zellen hoch spezialisiert und erfüllen verschiedene Funktionen. Diese Spezialisierung wird durch epigenetische Markierungen beeinflusst, die bestimmen, welche Gene aktiv oder inaktiv sind.

Bezüglich der Vererbung epigenetischer Merkmale bestand lange die Annahme, dass solche Markierungen nach der Befruchtung gelöscht würden, um dem Organismus eine neue, epigenetisch unverfälschte Ausgangslage zu bieten. Doch zunehmend zeigen Studien, dass einige dieser

Markierungen über Generationsgrenzen hinweg bestehen bleiben können und so elterliche Erfahrungen möglicherweise an Nachkommen weitergegeben werden könnten. Diese Hypothese hat zu erheblichen Diskussionen in der wissenschaftlichen Gemeinschaft geführt, wobei einige Studien darauf hindeuten, dass besonders belastende Ereignisse, wie Hungerperioden oder toxikologische Exposition, epigenetische Spuren hinterlassen können, die sich auf die Fitness und Gesundheit zukünftiger Generationen auswirken.

Der Bereich der Epigenetik hat zudem erhebliche Auswirkungen auf die Medizin, insbesondere auf das Verständnis und die Behandlung von Krankheiten. Es wird angenommen, dass ungesunde Lebensgewohnheiten durch epigenetische Veränderungen an zukünftige Generationen weitergegeben werden können, was die Bedeutung präventiver Maßnahmen verstärkt. Die Entdeckung epigenetischer Marker, die mit bestimmten Krankheiten assoziiert sind, eröffnet neue Horizonte in der Diagnostik und Therapie. Ärzte könnten eines Tages personalisierte Behandlungspläne auf der Grundlage des individuellen epigenetischen Profils eines Patienten entwickeln.

Zusammengefasst birgt die Epigenetik das Potenzial, unser Verständnis von Genetik, Vererbung und Entwicklung zu revolutionieren. Sie fordert die klassischen Ansichten der Genetik heraus und eröffnet neue Perspektiven, die weit über die traditionelle Sichtweise der Wissenschaft hinausgehen. Mit fortschreitender Forschung wird klar, dass das

Erbe, das wir tragen, weit über den in unseren Genen ent-
haltenen Code hinausgeht, hin zu den subtilen, aber entscheidenden epigenetischen Markierungen, die unser
Schicksal maßgeblich mitgestalten können.

Die Entstehung und Weitergabe epigenetischer Markierungen

Der faszinierende Bereich der Epigenetik, der sich mit erblichen Veränderungen der Genexpression ohne Veränderungen der zugrunde liegenden DNA-Sequenz befasst, hat in
den letzten Jahren erheblich an Aufmerksamkeit gewonnen.
Die Vorstellung, dass epigenetische Markierungen über Generationen hinweg weitergegeben werden können, wirft
spannende Fragen auf, die das Potenzial haben, unser Verständnis von Vererbung grundlegend zu verändern. In diesem Unterkapitel werden die Mechanismen beleuchtet,
durch die epigenetische Markierungen entstehen und möglicherweise weitergegeben werden können.

Die Entstehung epigenetischer Markierungen erfolgt pri-
mär durch Prozesse wie DNA-Methylierung und Histonmodifikation. Bei der DNA-Methylierung wird ein Methylgruppe an die DNA angehängt, typischerweise an das
fünfte Kohlenstoffatom eines Cytosinrings innerhalb des
CpG-Dinukleotids, was die Genexpression beeinflussen

kann, indem es das Ablesen der Gene durch Transkriptions-faktoren erschwert oder erleichtert (Bird, A. 2002. "DNA methylation patterns and epigenetic memory." _Genes & Development_). Histonmodifikationen hingegen betreffen die posttranslationale Modifikation von Histonproteinen, um die Chromatinstruktur zu verändern, was unmittelbare Auswirkungen auf die Zugänglichkeit der DNA und somit auf die Genexpression hat (Kouzarides, T. 2007. "Chromatin modifications and their function." _Cell_).

Epigenetische Markierungen treten oft als Reaktion auf Um-weltfaktoren auf, sei es durch Ernährung, Stress oder toxi-sche Einflüsse. Diese Markierungen kann man sich als mo-lekulare Erinnerungen vorstellen, die dem Organismus hel-fen, sich besser an Umwelteinflüsse anzupassen. Sobald sie etabliert sind, stellt sich die Frage, ob und wie diese Markie-rungen zur Keimzellenbildung und schlussendlich zur Wei-tergabe an die Nachkommen gelangen. Der Mechanismus der epigenetischen Reprogrammierung, der im Zuge der Entwicklung von Keimzellen und während der frühen Embryogenese auftritt, hat das Ziel, die meisten dieser Mar-kierungen zu entfernen, um eine genetische "Tabula rasa" zu schaffen (Reik, W., & Dean, W. 2001. "DNA methylation and mammalian epigenetics." _Electrophoresis_).

Aktuelle Forschungen haben jedoch gezeigt, dass einige Markierungen diese Welle der Reprogrammierung überste-hen können. Dies deutet auf die Existenz speicherbarer epi-genetischer Informationen über mehrere Generationen hin-weg. Bestimmte Imprinting-Mechanismen erlauben es beispielsweise, dass einige elterliche Allele spezifische epigenetische Muster behalten, die sich direkt auf die Entwicklung des Nachkommen auswirken können. Experimentelle Studien an Modellorganismen wie Mäusen und Pflanzen haben erste Hinweise darauf geliefert, dass solche Muster, unter bestimmten Umweltbedingungen, tatsächlich über die Keimbahn weitergegeben werden können (Jablonka, E., & Raz, G. 2009. "Transgenerational epigenetic inheritance: Prevalence, mechanisms, and implications for the study of heredity and evolution." _Quarterly Review of Biology_).

Die Weitergabe von epigenetischen Markierungen bringt darüber hinaus eine tiefere Komplexität in das Verständnis der Vererbung und der biologischen Entwicklung. Es stellt sich die spannende Frage, ob diese epigenetische Vererbung adaptiv ist, also einen evolutionären Vorteil bietet, indem sie Nachkommen auf vorhersehbare Umweltherausforderungen vorbereitet. Oder ob es sich hierbei um epigenetischen Drift handelt, der zufällig auftritt, ohne dass ein spezieller adaptiver Vorteil besteht.

Die Entdeckung der epigenetischen Weitergabe von Markierungen öffnet das Fenster für zahlreiche interdisziplinäre Forschungen, die traditionelle genetische Vorstellungen in Frage stellen und erweitern. Diese Forschung hat entscheidende Bedeutung für viele Anwendungen, wie beispielsweise in der Gesundheitsforschung, wo sie helfen kann, das Auftreten von Krankheiten zu verstehen, die durch die Lebensweise der Eltern beeinflusst werden. Nicht zuletzt lenkt sie den Blick auch auf tiefere ethische Fragen hinsichtlich Genmanipulation und biotechnologische Anwendungen in der modernen Gesellschaft.

In der Summe hebt die Erforschung der Entstehung und Weitergabe epigenetischer Markierungen die immense Bedeutung von Umwelt und Lebensstil in einem neuen Licht hervor. Diese Erkenntnisse unterstreichen die Relevanz, das Erbe unserer Vorfahren und unsere eigene Verantwortung gegenüber zukünftigen Generationen anzuerkennen, was unser Verständnis von Verantwortung und Fürsorge in der menschlichen Geschichte erweitert.

Mechanismen der Vererbung: Ein Blick auf DNA-Methylierung und Histonmodifikation

In der faszinierenden Welt der Epigenetik nehmen die Mechanismen der Vererbung von epigenetischen Markierungen eine zentrale Rolle ein. Sie bieten Erklärungen für die Art und Weise, wie nicht-genetische Faktoren über Generationen hinweg weitergegeben werden können und erheitern das Verständnis von Gesundheit, Krankheit und Verhalten. Zwei der wichtigsten Mechanismen sind die DNA-Methylierung und die Histonmodifikation, die das Genom durch chemische Veränderungen beeinflussen. Diese komplexen Prozesse formen die Grundlage für die vererbte epigenetische Information und liefern interessante Einblicke in die Art und Weise, wie Umwelteinflüsse und ererbte Merkmale miteinander verknüpft sind.

Die DNA-Methylierung ist ein epigenetischer Mechanismus, bei dem eine Methylgruppe an die Cytosin-Basen in der DNA angeheftet wird. Diese Modifikation tritt häufig an sogenannten CpG-Dinukleotiden auf, die über das Genom verteilt sind, insbesondere aber in sogenannten CpG-Inseln, die oft in Promotorregionen von Genen liegen. Die Methylierung dieser Regionen resultiert häufig in einer Hemmung der Genexpression, da die Methylgruppen den Bindungsstellen für Transkriptionsfaktoren physische Barrieren entgegensetzen können. Dieses Phänomen wurde bereits in frühen Studien beobachtet, darunter in Arbeiten von Holliday und Pugh (1975), die die Bedeutung der DNA-Methylierung für die Genregulation hervorhoben. Durch die Inhibition bestimmter Gene kann die DNA-Methylierung somit nicht nur zu normalen Entwicklungsprozessen beitragen, sondern auch die Grundlage für Krankheiten wie Krebs bilden, wenn diese Prozesse gestört sind.

Ein weiterer kritischer Mechanismus sind die Histonmodifikationen. Histone sind Proteine, um die die DNA gewickelt ist, und sie spielen eine essenzielle Rolle in der Strukturierung des Chromatins. Modifikationen wie Acetylierung, Methylierung, Phosphorylierung und Ubiquitinierung von Histonen können die Packungsdichte des Chromatins verändern und dadurch die Zugänglichkeit von

Genen für die Transkriptionsmaschinerie beeinflussen. Ein klassisches Beispiel für die Bedeutung von Histonmodifikationen ist die Histon-Acetylierung, welche gemeinhin mit Transkriptionsaktivierung assoziiert wird, da sie die positive Ladung der Histone neutralisiert und die DNA weniger dicht verpackt, wodurch Transkriptionsfaktoren leichter zugänglich gemacht werden. Arbeiten von Allis et al. (1988) haben hier wegweisende Entdeckungen gemacht, die zeigen, dass spezifische Modifikationsmuster nicht zufällig, sondern gut orchestrierte Prozesse sind, die zu fehlerhaften Expressionsmustern bei Anomalien führen können.

Die Vererbung dieser epigenetischen Modifikationen wirft viele Fragen auf und liefert Erklärungen für einige der komplexen Phänomene, die mit der Vererbung assoziiert sind. Es ist bekannt, dass sowohl DNA-Methylierung als auch Histonmodifikationen während der Gametogenese und der Embryogenese häufig durch Prozesse der genomischen Prägung oder der geschlechtsspezifischen Differenzierung an die nächste Generation weitergegeben werden. In Säugetieren sind diese Mechanismen gut dokumentiert und bieten Hinweise auf ihre Rolle bei der Regulation entwicklungsrelevanter Gene sowie bei der Beeinflussung der phänotypischen Merkmale eines Organismus, die über herkömmliche genetische Vererbung hinausgehen.

Die Erforschung der Vererbung solcher epigenetischer Markierungen fördert nicht nur das grundlegende Verständnis der Biologie, sondern zeichnet auch ein umfassenderes Bild von der Rolle der Umwelt in unserer genomischen

Architektur. Bekanntlich können Umweltfaktoren wie Ernährung, Stress und Toxine langfristige epigenetische Veränderungen hervorrufen, die, wie Studien an verschiedenen
Tiermodellen gezeigt haben, über Generationen hinweg
weitergegeben werden können. Ein klassisches Beispiel ist
die Forschung über die niederländische Hungerwinterko-
horte, die gezeigt hat, dass Mangelernährung während der
Schwangerschaft epigenetische Veränderungen verursachen kann, die mit einer erhöhten Anfälligkeit für chronische Krankheiten in den Nachkommen in Zusammenhang
stehen (Heijmans et al., 2008).

Zusammenfassend lässt sich festhalten, dass die Mechanismen der Vererbung von epigenetischen Markierungen wie
DNA-Methylierung und Histonmodifikation ein faszinierendes Forschungsgebiet darstellen, das das Verständnis
der Vererbung weit über die traditionelle Genetik hinaus erweitert. Diese Mechanismen betonen die Bedeutung der
epigenetischen Ebene der genetischen Information, indem
sie zeigen, dass Gene nicht nur „An" und „Aus"-Schalter
sind, sondern dass deren Regulation stark durch vererbbare
epigenetische Modifikationen beeinflusst wird. Die fort-
während Erforschung dieser Prozesse wird zweifellos
dazu beitragen, die Komplexität und die dynamischen Aspekte der Genexpression und ihrer Vererbung besser zu
verstehen.

Experimentelle Beweise für epigenetische Vererbung

In den letzten Jahrzehnten hat die wissenschaftliche Gemeinschaft beachtliche Fortschritte beim Verständnis der epigenetischen Vererbung gemacht. Diese Fortschritte haben gezeigt, dass epigenetische Änderungen nicht nur während des Lebens eines Organismus stattfinden, sondern unter bestimmten Umständen auch an nachfolgende Generationen weitergegeben werden können. Experimentelle Forschung ist dabei ein wesentlicher Aspekt, der zur Validierung und Erkennung dieser epigenetischen Phänomene beiträgt.

Ein ikonisches Beispiel in der Erforschung der epigenetischen Vererbung stammt aus den Studien von Michael Meaney und Moshe Szyf. Ihre Experimente mit Ratten belegten, dass Muttertiere, die eine fürsorgliche Pflege an den Tag legten, die Stressreaktion ihrer Nachkommen beeinflussen konnten. Diese Nachkommen zeigten in späteren Lebensstadien weniger Stressanfälligkeit und ein verändertes Stressmanagement, das auf epigenetischen Modifikationen der Gene beruhte, die mit der Stressreaktion assoziiert sind. Diese Änderungen wurden durch DNA-Methylierung beeinflusst, was darauf hinweist, dass Umweltinteraktionen der Eltern epigenetische Informationen verändern können, die an die nächste Generation weitergegeben werden (Meaney & Szyf, 2005).

Ein weiteres faszinierendes Experiment, das die epigenetische Vererbung aufzeigt, bezieht sich auf die schwedische Stadt Överkalix. Die Studie, die als "Överkalix-Hunger-Erfahrung" bekannt wurde, untersuchte historische Daten und stellte fest, dass die Ernährungsweise der Großeltern einen Einfluss auf die Gesundheit und die Krankheitsanfälligkeit ihrer Enkel hatte. Diese Forschung deutet darauf hin, dass die Lebensmittelverfügbarkeit während bestimmter kritischer Zeitfenster der Pubertät langfristige Auswirkungen haben kann, die durch Generationen hinweg vererbt werden (Pembrey et al., 2006).

In der Pflanzenwelt bieten Experimente weitere Beweise für die epigenetische Vererbung. Bei Pflanzen sind Studien bekannt, die zeigen, dass epigenetische Modifikationen unter Stressbedingungen entstehen und anschließend vererbt werden können. Ein exemplarisches Beispiel sind Experimente mit Arabidopsis thaliana, bei denen festgestellt wurde, dass Hitzestress zu Veränderungen der Genexpression führt, die in nachfolgenden Generationen persistieren, selbst wenn die externen Stressfaktoren nicht mehr bestehen (Lang-Mladek et al., 2010).

Diese experimentellen Befunde unterstreichen die potenziell weitreichenden Auswirkungen von Umweltfaktoren und Elternerfahrungen auf die epigenetische Regulation und Vererbung. Auch wenn diese Erkenntnisse vielversprechend sind, gibt es weiterhin bestehende

Herausforderungen und offene Fragen, die durch zusätzliche Forschung adressiert werden müssen. Beispielsweise bleibt unklar, welche Mechanismen gezielt selektieren, welche epigenetischen Marken vererbbar sind und welche Faktoren ihre Transmission über Generationen hinweg beeinflussen können.

Dennoch zeigen die gesammelten experimentellen Daten eindrucksvoll, dass epigenetische Vererbung keine bloße Theorie ist, sondern durch empirische Beweise untermauert wird. Diese Studien legen nahe, dass Umwelterfahrungen biologisch in unsere Erbinformationen gewoben sein können, die über Generationen hinweg Auswirkungen haben. Sie eröffnen neue Forschungsdimensionen, die nicht nur für die grundlegende Wissenschaft wichtig sind, sondern auch tiefgreifende Implikationen für die Medizin und die Gesundheitspolitik haben können.

Literaturempfehlungen und weiterführende Forschungen sind essentiell, um die komplexen Wechselwirkungen von Genetik und Epigenetik voll zu begreifen. Die Integration dieser Dimension in unser Verständnis von Vererbung könnte letztlich die Art und Weise verändern, wie wir zukünftige Generationen in Bezug auf die Prävention und Behandlung von Krankheiten betrachten.

Kritische Betrachtung: Können epigenetische Markierungen wirklich vererbt werden?

Die Frage, ob epigenetische Markierungen tatsächlich über Generationen hinweg vererbt werden können, hat seit einigen Jahrzehnten das Interesse von Wissenschaftlern und der breiten Öffentlichkeit gleichermaßen geweckt. Diese Thematik bewegt sich an der Schnittstelle von Genetik und Epigenetik und eröffnet neue Perspektiven auf die Art und Weise, wie wir die Vererbung von Eigenschaften und Krankheiten verstehen. Diese kritische Betrachtung zielt darauf ab, die verschiedenen Facetten der epigenetischen Vererbung zu beleuchten und sowohl die wissenschaftlichen Beweise als auch die bestehenden Kontroversen darzustellen.

Ein bedeutender Aspekt bei der Untersuchung der Vererbung epigenetischer Markierungen ist das Verständnis der Mechanismen, die diese Vererbung ermöglichen könnten. Die epigenetischen Markierungen, darunter DNA-Methylierung und Histonmodifikationen, sind für ihre Anfälligkeit gegenüber Umweltfaktoren bekannt. Diese Markierungen können die Genexpression beeinflussen, ohne die zugrundeliegende DNA-Sequenz zu verändern. Wissenschaftler haben vorgeschlagen, dass solche Veränderungsmechanismen möglicherweise in der Lage sind, von einer Generation zur nächsten weitergegeben zu werden, insbesondere wenn sie in den Keimbahnzellen stattfinden (Bird, A., Nature Reviews Genetics, 2007).

Experimentelle Studien haben gezeigt, dass epigenetische Veränderungen in Modellorganismen wie Mäusen in bestimmten Fällen tatsächlich vererbt werden können. Ein bekanntes Beispiel ist die Agouti-Maus, bei der die DNA-Methylierung des Agouti-Gens das Fellfarbmuster der Nachkommen beeinflussen kann. Diese Art von Studien bestärkt die Hypothese, dass gewisse epigenetische Markierungen unter bestimmten Umständen transgenerational weitergegeben werden können (Rakyan et al., Science, 2006).

Dennoch bleibt es ein Thema intensiver wissenschaftlicher Debatten, ob diese experimentellen Befunde allgemeingültig auf komplexe biologische Systeme wie den Menschen übertragbar sind. Kritiker argumentieren, dass viele der beobachteten Phänomene der epigenetischen Vererbung Artefakte der spezifischen experimentellen Bedingungen sein könnten oder durch genetische Effekte und nicht durch echte epigenetische Übertragungsmechanismen erklärt werden. Zudem beschränken sich die nachgewiesenen Fälle oft auf wenige Generationen, was die langfristige Stabilität dieser Veränderungen in Frage stellt (Wu & Morris, Cell, 2006).

Ein weiteres zentrales Argument in der Diskussion ist die Möglichkeit, dass epigenetische Markierungen zwar an die nächste Generation weitergegeben werden können, sie aber in den frühen Stadien der Embryonalentwicklung gelöscht oder umprogrammiert werden. Diese Entwicklungsvorgänge schränken das Potenzial für eine fortgesetzte epigenetische Vererbung ein. Einige Forscher argumentieren daher, dass die epigenetische Vererbung mehr als eine vorübergehende Anpassung an Umweltveränderungen angesehen werden sollte, anstatt als verlässliche Methode der generationsübergreifenden Informationsübertragung (Feil & Fraga, European Journal of Human Genetics, 2010).

Die Diskussion um die Vererbung epigenetischer Markierungen eröffnet tantalierende Möglichkeiten für die Prävention und Behandlung von Krankheiten sowie für ein tieferes Verständnis der Evolution. Während die Forschung in diesem Bereich weiter voranschreitet, bleibt es jedoch ausgesprochen wichtig, kritisch zu hinterfragen, welche der beobachteten Phänomene tatsächlich auf vererbbaren epigenetischen Mechanismen beruhen und welche durch alternative Erklärungen, wie genetische oder rein umweltbedingte Einflüsse, erläutert werden können.

Zusammenfassend lässt sich sagen, dass die Frage der epigenetischen Vererbung komplex und derzeit noch unvollständig verstanden ist. Die wissenschaftliche Gemeinschaft steht vor der Herausforderung, die Nuancen dieser Vererbungsform zu entwirren und die grundlegenden Mechanismen aufzuklären, die das Potenzial haben, unser Verständnis von Biologie und Vererbung nachhaltig zu verändern. Dennoch bleibt es heutzutage wichtig, wissenschaftliche Erkenntnisse mit einer gesunden Portion Skepsis zu betrachten und kontinuierlich neue experimentelle Ansätze zu entwickeln, um die Vielzahl der offenen Fragen zu adressieren.

Einfluss der Umwelt auf epigenetische Veränderungen über Generationen

In den vergangenen Jahrzehnten hat sich die Einsicht vertieft, dass die Umwelt nicht nur unmittelbare, sondern auch generationenübergreifende Auswirkungen auf Lebewesen haben kann. Dieser Gedanke ist besonders aufregend in der Epigenetik, einem Forschungsfeld, das untersucht, wie Umweltfaktoren bleibende epigenetische Veränderungen hervorrufen können, die nicht die DNA-Sequenz selbst ändern, aber dennoch zukünftige Generationen beeinflussen können.

Epigenetische Modifikationen, wie etwa die DNA-Methylierung oder Veränderungen in der Histonstruktur, können durch äußere Faktoren beeinflusst werden. Diese Faktoren umfassen eine Vielzahl von Einflüssen, darunter Ernährung, Stress, Umweltverschmutzung und soziale Umstände. Eine zentrale Frage ist, wie diese Modifikationen dauerhaft werden und ob sie auch über Generationen hinweg vererbt werden können.

Ein bemerkenswertes Beispiel für den Einfluss der Umwelt auf epigenetische Markierungen stammt aus der niederländischen Hungerwinter-Studie, die eine Vielzahl von Nachkommen von Menschen untersuchte, die eine schwere

Hungersnot im Zweiten Weltkrieg überlebten. Die Studie zeigte substanzielle epigenetische Unterschiede, die mit der Exposition gegenüber Nahrungsmittelknappheit korrelierten, selbst zwei Generationen später. Laut einem zentralen Artikel im "New England Journal of Medicine" (Heijmans et al., 2008) führte die pränatale Exposition zu einer andauernden epigenetischen Anpassung, die die Gesundheit der Nachkommen beeinflusste.

Diese transgenerationale epigenetische Vererbung könnte einen evolutionären Vorteil bieten, indem sie Nachkommen ermöglicht, sich besser an Bedingungen anzupassen, die ihre Eltern erlebt haben. Doch nicht nur negative Umwelteinflüsse spielen hier eine Rolle: Auch positive Einflüsse wie eine ausgewogene Ernährung oder ein stressfreies Umfeld können zu vorteilhaften epigenetischen Veränderungen führen.

Mechanistisch gesehen bieten epigenetische Markierungen eine Schnittstelle, die Umwelteinflüsse direkt in molekulare Signale umwandelt, welche die Genexpression beeinflussen. Dies geschieht durch Prozesse wie die Rekrutierung epigenetischer Modifikatoren durch sensorische Proteine, die auf umweltbedingte Signale reagieren. So kann ein dauerhaft erhöhter Cortisolspiegel aufgrund von chronischem Stress zu spezifischen Methylierungsmustern führen, die das Genom je nach Kontext aktivieren oder silenzieren.

Die Komplexität dieser Transkriptionserinnerung, wie sie manchmal genannt wird, erfordert eine robuste Methodologie zur Untersuchung. Die am häufigsten verwendeten Technologien sind zurzeit die Methylierungsarrays und die Chromatin-Immunpräzipitation, die in Verbindung mit Sequenzierungstechniken eingesetzt werden, um precise epigenetische Landschaften zu erstellen.

Gleichzeitig stellt sich die Frage nach der Stabilität derartiger Markierungen – und hier ist die wissenschaftliche Gemeinschaft noch geteilt. Ob alle epigenetischen Anpassungen dauerhaft und generationenübergreifend stabil bleiben, ist eines der zentralen Themen der Debatte. Kritische Stimmen, wie Rando und Verstrepen (2007), argumentieren, dass viele der beobachteten Effekte auch durch genetische Selektion oder andere molekulare Mechanismen erklärt werden könnten.

Dennoch sind Forschungen wie diese von entscheidender Bedeutung, um unser Verständnis von Vererbung, Anpassung und biologischer Resilienz zu erweitern. Sie werfen auch essentielle ethische Fragen auf: Wie sollten wir mit dem Wissen umgehen, dass unsere Handlungen potenziell Generationen beeinflussen können? Dies ist besonders relevant angesichts der zunehmenden Diskussion über Umweltverantwortlichkeit in Industrie und Gesellschaft.

Abschließend lässt sich zusammenfassend sagen, dass der Einfluss der Umwelt auf epigenetische Markierungen über

Generationen hinweg ein hochaktuelles Forschungsfeld darstellt. Seine umfassende Aufklärung könnte nicht nur unser Verständnis von Vererbung grundlegend verändern, sondern auch tiefgreifende Implikationen für die Gestaltung zukünftiger medizinischer und umweltpolitischer Strategien haben.

Epigenetische Vererbung im Tierreich: Beispiele und Studien

Im Laufe der letzten Jahrzehnte hat die Forschung auf dem Gebiet der Epigenetik enorme Fortschritte erzielt und faszinierende Einblicke in die Komplexität der genetischen Regulation ermöglicht. Ein besonders spannendes Thema ist die Untersuchung der epigenetischen Vererbung im Tierreich. Hierbei steht die Frage im Fokus, wie epigenetische Markierungen von einer Generation zur nächsten weitergegeben werden können und welche biologischen Konsequenzen dies mit sich bringt.

Die epigenetische Vererbung bei Tieren ist ein faszinierendes Forschungsfeld, das durch eine Vielzahl von Studien beleuchtet wurde. Eine der bekanntesten Studien zu diesem Thema ist die Untersuchung der epigenetischen Veränderungen bei Mäusen im Kontext von Umweltstress. Forschende fanden heraus, dass männliche Mäuse, die einem stressigen Umfeld ausgesetzt waren, epigenetische Markierungen in ihren Spermien aufwiesen, die mit einer erhöhten Stressanfälligkeit in der Nachkommenschaft korrelierten. Diese Studie, veröffentlicht von Dias und Ressler im Jahr 2014, zeigte, dass bestimmte Gerüche, die mit Stress assoziiert sind, über epigenetische Mechanismen von den Vätern an die Nachkommen weitergegeben werden können (*Dias, B. G., & Ressler, K. J. (2014). Parental olfactory experience influences behavior and neural structure in subsequent generations. Nature Neuroscience*).

Ein weiteres bemerkenswertes Beispiel für epigenetische Vererbung kann im marinen Bereich beobachtet werden. Eine Studie an Korallenkolonien, durchgeführt von Putnam und Gates, untersuchte, wie Umweltstressfaktoren wie erhöhte Wassertemperaturen epigenetische Modifikationen induzieren können, die anschließend an die nächste Generation weitergegeben werden. Die Ergebnisse deuteten darauf hin, dass Korallen durch epigenetische Anpassungen widerstandsfähiger gegen Temperaturänderungen werden können, indem sie spezifische epigenetische Muster vererben, die die Anpassungsfähigkeit der Nachkommen erhöhen (*Putnam, H. M., & Gates, R. D. (2015). Preconditioning in the reef-building coral Pocillopora damicornis and the potential for trans-generational acclimatization in coral larvae under future climate change conditions. Journal of Experimental Biology*).

Ein eindrucksvolles Beispiel für die epigenetische Einflussnahme auf Verhaltensmerkmale findet sich in der aquatischen Welt bei den Zebrabärblingen (Danio rerio). Studien haben gezeigt, dass Fische, die in einer Umgebung mit hohem Populationstress gehalten werden, epigenetische Veränderungen in ihren Keimzellen aufweisen können, die das Stressverhalten der Nachkommen beeinflussen. Solche Verhaltensänderungen können potenziell durch Veränderungen in der Methylierungsmuster von Genen beeinflusst werden, die mit der Stressregulation in Verbindung stehen (*Best, C., Ikert, G., Kostyniuk, D. J., Craig, P. M., Navarro-Martín, L., Marandel, L., & Mennigen, J. A. (2018). Epigenetics in teleost fish: From molecular mechanisms to physiological phenotypes. Comparative Biochemistry and Physiology Part B: Biochemistry and Molecular Biology*).

Diese Studien belegen eindrucksvoll, wie komplex und vielfältig die epigenetische Vererbung im Tierreich sein kann und dass sie eine entscheidende Rolle bei der Anpassung und Entwicklung von Tieren spielen könnte. Diese Erkenntnisse werfen ein neues Licht auf die evolutionären Prozesse, indem sie darlegen, dass nicht nur genetische, sondern auch epigenetische Informationen eine Rolle bei der Anpassung an veränderte Umweltbedingungen spielen können. Dies unterstreicht die Bedeutung weiterer Forschungsarbeiten, die diese faszinierenden Mechanismen besser verstehen und potential neue Erkenntnisse für den Bereich der Evolutionsbiologie bereitstellen könnten.

Insgesamt verdeutlicht die Untersuchung der epigenetischen Vererbung im Tierreich das Potenzial dieser

Mechanismen, unser Verständnis von genetischer Vererbung und Evolution zu erweitern. Die Vielzahl der Studien und deren Erkenntnisse legen nahe, dass epigenetische Vererbungsprozesse nicht nur im Tierreich, sondern möglicherweise auch bei Menschen eine Rolle spielen könnten, was die Interaktion zwischen Genetik und Umwelt über Generationen hinweg betrifft. Wie viele weitere Fragen über die epigenetische Vererbung noch unbeantwortet sind und welche Auswirkungen sie auf unser Verständnis der biologischen Vererbung und Evolution haben wird, bleibt eine spannende Herausforderung für zukünftige Forschungen. Dies könnte bedeutende Konsequenzen für die Felder der Biologie, Medizin und der Umweltwissenschaften haben.

Menschliche Gesundheit und epigenetische Vererbung: Aktuelle Forschungsergebnisse

Die faszinierende Welt der epigenetischen Vererbung und ihre Verbindungen zur menschlichen Gesundheit stehen im Zentrum vieler aktueller wissenschaftlicher Untersuchungen. Epigenetische Veränderungen, insbesondere diejenigen, die durch Umweltfaktoren beeinflusst werden, stehen im Verdacht, weitreichende Auswirkungen auf die Gesundheit und das Wohlbefinden zukünftiger Generationen zu haben. Doch wie solide sind die wissenschaftlichen Beweise für diese Annahmen? Und auf welche Art und Weise beeinflussen solche Erkenntnisse unseren Umgang mit Gesundheit und Krankheit?

Epigenetik, die Wissenschaft, welche die Vererbung von Genaktivitätsänderungen untersucht, die nicht auf Veränderungen der DNA-Sequenz selbst beruhen, gewinnt zunehmend an Bedeutung innerhalb der medizinischen Forschung. Ein zentraler Aspekt ist dabei, wie epigenetische Markierungen durch Faktoren wie Ernährung, toxische Umwelteinflüsse oder psychosoziale Stressoren geprägt und möglicherweise an nachfolgende Generationen weitergegeben werden. Hierbei liegt das Augenmerk besonders auf der Frage, inwieweit diese epigenetischen Anpassungen zu gesundheitlichen Vorteilen oder Risiken führen. Eine richtungsweisende Studie von Waterland & Jirtle (2003) zeigte erstmals auf, dass diätetische Veränderungen in der Schwangerschaft langfristig prägende Auswirkungen auf die Genexpression und das Krankheitsrisiko der Nachkommen haben können.

Ein bemerkenswerter Bereich der Forschung untersucht die epigenetischen Mechanismen, durch die väterliche und mütterliche Erfahrungen in Form epigenetischer Markierungen weitergegeben werden können. So gibt es Studien, die darauf hindeuten, dass Stress und Trauma-Erfahrungen von Eltern ihre Nachkommen durch Mechanismen der DNA-Methylierung beeinträchtigen könnten (Yehuda et al., 2014). Diese Erkenntnisse erzeugen ein wachsendes Interesse an der Rolle der Epigenetik in der Erblichkeit von psychischen Erkrankungen, wie beispielsweise der Anfälligkeit für Depressionen oder Angststörungen.

Ein weiteres Forschungsfeld untersucht den Einfluss von Lebensstil und Umwelt auf epigenetische Muster und stellt damit die Frage nach der Reversibilität epigenetischer Veränderungen. Studien legen nahe, dass gewisse Umstellungen, wie gesunde Ernährung oder regelmäßige Bewegung, einen positiven Effekt auf die epigenetische Landschaft eines Individuums haben können und somit potenziell das Risiko für Erkrankungen mit epigenetischer Grundlage verringern (Feinberg & Fallin, 2015). Diese Erkenntnisse tragen dazu bei, präventive Maßnahmen und personalisierte Medizinansätze zu entwickeln, die nicht nur die Genetik, sondern auch die Epigenetik der Patienten berücksichtigen.

Im Lichte dieser wissenschaftlichen Fortschritte ist es entscheidend, sich der potenziellen Rolle der Epigenetik in der krankheitsspezifischen Therapie bewusst zu werden. Krankheiten wie Krebs, die stark mit epigenetischen Veränderungen in Verbindung gebracht werden, zeigen auf, wie wichtig das Verständnis dieser Prozesse für die Entwicklung neuartiger therapeutischer Strategien ist (Esteller, 2008). Neue epigenetische Medikamente, sogenannte „Epigenetika", die auf spezifische epigenetische Mechanismen abzielen, versprechen, besonders bei solchen Krankheiten effektiv zu sein, die durch herkömmliche Gen-Therapien schwer anzugehen sind.

Zusammenfassend lässt sich feststellen, dass die Forschung in der epigenetischen Vererbung weitreichende Implikationen für unser Verständnis von menschlicher Gesundheit und Krankheit hat. Während die wissenschaftlichen Beweise für die Vererbung von epigenetischen Markierungen an den Menschen weiterhin intensiv erforscht werden, sind die ersten Ergebnisse vielversprechend und deuten auf bedeutende Fortschritte in der Prävention und Behandlung hin. Zu verstehen, wie genau diese Mechanismen funktionieren und wie sie gezielt beeinflusst werden können, wird wohl eines der spannendsten und produktivsten Felder der biomedizinischen Wissenschaft im 21. Jahrhundert bleiben.

Kontroverse und offene Fragen in der epigenetischen Vererbungsforschung

Die Forschung im Bereich der epigenetischen Vererbung ist geprägt von intensiven Debatten und einer Vielzahl ungelöster Fragen, die sich sowohl aus den schillernden Erfolgsgeschichten der wissenschaftlichen Entdeckungen als auch aus den klaffenden Lücken im Verständnis der Mechanismen ergeben. Diese Kontroversen sind nicht nur auf die Komplexität der biologischen Systeme zurückzuführen, sondern auch auf die methodischen und konzeptionellen Herausforderungen, die das Feld prägen.

Eine der zentralen Debatten innerhalb der epigenetischen Vererbungsforschung bezieht sich auf die Stabilität und Persistenz von epigenetischen Markierungen über

Generationen hinweg. Während zahlreiche Studien, insbesondere im Tiermodell, gezeigt haben, dass epigenetische Veränderungen wie die DNA-Methylierung und Histonmodifikationen in bestimmten Fällen vererbt werden können (Skinner, 2014), bleibt die Frage offen, wie häufig und unter welchen Bedingungen dies tatsächlich geschieht. Kritiker argumentieren, dass viele der beobachteten epigenetischen Veränderungen vielmehr stochastische Ereignisse oder das Ergebnis von Umwelteinflüssen sind, die in frühen Entwicklungsstadien auftreten und weniger mit einer gezielten Vererbung über Generationen hinweg verbunden sind (Jablonka & Raz, 2009).

Ein weiterer Punkt der Diskussion betrifft die methodischen Ansätze zur Untersuchung epigenetischer Vererbung. Die Identifikation und Quantifizierung epigenetischer Markierungen sind technisch anspruchsvoll, und die Interpretation der Ergebnisse erfordert oft komplexe bioinformatische Analysen. Unterschiedliche Studien kommen daher manchmal zu widersprüchlichen Ergebnissen, was die Kontroversen im Forschungsfeld weiter anheizt. Ein Beispiel hierfür sind die unterschiedlichen Resultate in Studien zur transgenerationalen epigenetischen Vererbung, die mit unterschiedlichen Tiermodellen und experimentellen Bedingungen durchgeführt wurden (Heard & Martienssen, 2014).

Darüber hinaus gibt es wichtige offene Fragen hinsichtlich der Mechanismen, die der epigenetischen Vererbung zugrunde liegen. Selbst wenn epigenetische Modifikationen nachweislich von einer Generation zur nächsten weitergegeben werden, ist wenig darüber bekannt, wie diese Information durch die genetische Weitergabe während der Meiose geschützt oder sogar gezielt übertragen wird. Einige Forscher postulieren, dass spezifische molekulare Mechanismen zur Erhaltung dieser Informationen beitragen könnten, andere vermuten, dass zusätzliche Faktoren wie die Organisation des Chromatins oder sogar nichtkodierende RNA-Moleküle eine entscheidende Rolle spielen könnten (Pembrey, 2020).

Nicht zuletzt führen auch die unterschiedlichen Perspektiven innerhalb der wissenschaftlichen Gemeinschaft zu Spannungen. Während einige Biologen die epigenetische Vererbung als eine Erweiterung der klassischen genetischen Theorie sehen, betrachten andere sie eher als eine revolutionäre Idee, die unser Verständnis von Vererbung und Evolution grundlegend verändern könnte (Richards, 2006). Diese theoretischen Differenzen sind nicht nur eine Frage der wissenschaftlichen Auslegung, sondern betreffen auch die praktischen Implikationen in Bereichen wie Gesundheitsforschung, Landwirtschaft, und sogar sozialen Wissenschaften.

Zusammenfassend lässt sich sagen, dass die epigenetische Vererbungsforschung ein faszinierendes, aber auch umstrittenes Gebiet bleibt. Die Entdeckung und das Verständnis der epigenetischen Mechanismen könnten tiefgreifende Auswirkungen auf die Biologie sowie Praktiken in Medizin und Therapie haben, doch ist es entscheidend, die offenen Fragen und methodischen Herausforderungen weiter zu erforschen. Die kommenden Jahre werden entscheidend für die Klärung vieler dieser Punkte sein und könnten womöglich eine Synthese zwischen der genetischen und epigenetischen Theorie bringen, die die Spannungen innerhalb der Wissenschaft entschärfen und ein umfassenderes Bild von der Vererbung zeichnen wird.

Quellen:
- Skinner, M. K. (2014). Environmental stress and transgenerational epigenetics. *Nature Reviews Genetics, 15*(9), 604-610.
- Jablonka, E., & Raz, G. (2009). Transgenerational epigenetic inheritance: prevalence, mechanisms, and implications for the study of heredity and evolution. *The Quarterly Review of Biology, 84*(2), 131-176.
- Heard, E., & Martienssen, R. A. (2014). Transgenerational epigenetic inheritance: myths and mechanisms. *Cell, 157*(1), 95-109.
- Pembrey, M. E. (2020). Human transgenerational responses to early-life experience: potential impact on development, health and biomedical research. *Journal of Genetics and Genomics, 47*(9), 529-538.
- Richards, E. J. (2006). Inherited epigenetic variation — revisiting soft inheritance. *Nature Reviews Genetics, 7*(5), 395-401.

Zukünftige Forschungsrichtungen: Epigenetik und ihre potenzielle Bedeutung für die Genetik

Die Epigenetik ist ein dynamisches Forschungsgebiet, das unser Verständnis der Genetik revolutionieren könnte. Es ist eine Vorstellung, die sowohl faszinierend als auch herausfordernd ist: Die Möglichkeit, dass epigenetische Markierungen nicht nur innerhalb einer Generation wirken, sondern auch über Generationen hinweg vererbt werden können. In jüngerer Zeit konzentriert sich die Forschung zunehmend auf die Erforschung der potenziellen Mechanismen und Auswirkungen dieser Vererbung. Diese zukünftigen Forschungsrichtungen versprechen, nicht nur die Epigenetik selbst, sondern auch unser gesamtes Verständnis von Genetik grundlegend zu verändern.

Eine der größten Herausforderungen in der epigenetischen Forschung besteht darin, die Feinabstimmung zu verstehen, welche die epigenetischen Markierungen kontrolliert. Diese Markierungen, wie DNA-Methylierung und Histonmodifikationen, sind dynamisch und können durch verschiedene Umweltfaktoren beeinflusst werden. Die Frage ist, wie persistent diese Änderungen sind und ob sie zuverlässig über Generationen weitergegeben werden können. Die Antwort darauf könnte erhebliche Konsequenzen für unser Verständnis der Vererbung haben.

Neuartige Technologien und Methoden

Der Fortschritt in den Technologien hat die Erforschung der epigenetischen Mechanismen erheblich vorangetrieben. Methoden wie die Chromatin-Immunpräzipitation (ChIP) und Sequenzierung der dritten Generation erlauben es, epigenetische Veränderungen auf einer noch nie dagewesenen Genomweite zu verfolgen. Diese Technologien ermöglichen es Wissenschaftlern, umfassendere und präzisere Karten der epigenetischen Landschaften zu erstellen, was wiederum unser Verständnis der Genregulierung auf systemweiter Ebene vertieft.

Interdisziplinäre Forschungsinitiativen

Da Epigenetik sowohl Genetik als auch Umwelt umfasst, sind interdisziplinäre Studien besonders wichtig. Kollaborationen zwischen Genetikern, Ökologen, Entwicklungsbiologen und Biotechnologen werden dazu beitragen, komplexe Wechselwirkungen besser zu verstehen und neue Forschungsfragen zu generieren. Ein Hauptaugenmerk liegt dabei auf der Frage, ob und wie epigenetische Informationen in spermatozoen oder oocyten übertragbar sind, um eine transgenerationale Vererbung zu ermöglichen.

Langfristige ökologische und evolutionäre Studien

Langfristige ökologische Studien bieten eine hervorragende Möglichkeit, die Hakeneinsätze der epigenetischen Vererbung zu untersuchen. Durch die Beobachtung von Organismen über mehrere Generationen können Forscher epigenetische Muster identifizieren, die potenziell dazu bei-tragen, wie sich Populationen an Umweltveränderungen anpassen. Studien an Modellorganismen wie Mäusen oder Drosophila bieten wertvolle Einblicke, wie diese Mechanismen funktionieren könnten. „Die Manipulation der Umweltbedingungen in kontrollierten Experimenten hat bereits Hinweise geliefert, wie Lebensstiländerungen oder Ernährungseingriffe lange anhaltende biologische Effekte hervorrufen können" (Smith et al., 2021).

Integration in die personalisierte Medizin

Die wohl spannendste Anwendung der Epigenetik könnte in der personalisierten Medizin liegen. Wenn wir besser verstehen, welche epigenetischen Markierungen vererbt werden und wie sie wiederhergestellt oder modifiziert werden können, könnte dies den Weg für maßgeschneiderte Behandlungen ebnen, die auf die individuelle genetische und epigenetische Konstitution eines Patienten abgestimmt sind. Beispielsweise könnte die Identifizierung epigenetischer Marker, die auf ein erhöhtes Risiko für bestimmte Krankheiten hinweisen, dazu beitragen, präventive Maßnahmen oder individuelle Therapieansätze zu entwickeln.

Fazit

Die zukünftigen Forschungsrichtungen in der Epigenetik könnten weitreichende Implikationen für unser Verständnis der Genetik und für die Medizin haben. Es gibt noch viele ungelöste Fragen, doch die Antwort auf diese könnte die Art und Weise, wie wir über Genetik denken, tiefgreifend verändern. Die Erforschung der Vererbung von epigenetischen Markierungen ist nicht mehr nur theoretisches Interesse, sondern könnte bald praktische Anwendungen ermöglichen, die das Potenzial haben, das menschliche Leben zu verbessern.

Umweltfaktoren und ihre Auswirkungen auf das epigenetische Erbe

Grundlagen der Epigenetik und ihre Relevanz für die Erbbiologie

Die Epigenetik ist ein faszinierendes Forschungsfeld, das sich mit der Untersuchung von erblichen Veränderungen in der Genexpression beschäftigt, die nicht auf Veränderungen der DNA-Sequenz selbst zurückzuführen sind. Diese Modifizierungen bestimmen, welche Gene aktiv sind und welche stummgeschaltet werden, und sie spielen eine entscheidende Rolle bei der Entwicklung und Funktion von Organismen. Die Erkenntnisse der Epigenetik haben weitreichende Auswirkungen auf unser Verständnis der Biologie und eröffnen neue Perspektiven für die Erbbiologie.

Eine der fundamentalen Enthüllungen der Epigenetik ist die Flexibilität des genetischen Erbes. Anders als die klassische Genetik, die sich ausschließlich mit den festen Basensequenzen der DNA beschäftigt, untersucht die Epigenetik Mechanismen, die zur Regulation der Genaktivität beitragen. Zu den bedeutendsten epigenetischen Modifikationen gehören die DNA-Methylierung und die Histonmodifikation. Diese chemischen Änderungen an der DNA oder den assoziierten Proteinen beeinflussen, wie kompakt oder zugänglich das genetische Material ist, und bestimmen somit, welche Gene gelesen und in Proteine übersetzt werden.

Die Relevanz dieser epigenetischen Mechanismen für die Erbbiologie zeigt sich besonders in ihrer Rolle bei der Embryonalentwicklung sowie der Zelldifferenzierung. Während der Entwicklung eines Organismus ermöglicht die Epigenetik, dass aus einer einzigen befruchteten Eizelle eine Vielzahl unterschiedlich spezialisierter Zelltypen hervorgeht. Jede dieser Zellen enthält dasselbe genetische Material, doch die epigenetischen Markierungen variieren, sodass ein differenziertes Genexpressionsmuster entsteht.

Epigenetik bietet zudem Erklärungsmuster für Phänomene, die lange im Nebel des Nichtwissens schwebten, wie zum Beispiel die Reaktionsfähigkeit auf Umweltreize und ihre potenzielle Vererbung. Studien, wie die von Weaver et al. (2004), haben gezeigt, dass es bereits in der frühen Kindheit durch Umwelteinflüsse vermittelte epigenetische Änderungen gibt, die langfristige Auswirkungen auf das Verhalten und die Stressreaktion des Erwachsenen haben können. Diese Entdeckungen erweitern unser Verständnis, wie Umweltfaktoren tiefgreifende, generationenübergreifende Auswirkungen haben können, ohne die DNA-Sequenz selbst zu verändern.

Ein besonders interessantes Gebiet innerhalb der Erbbiologie ist die Vorstellung, dass epigenetische Veränderungen in begrenztem Umfang vererbt werden können. Diese Form der Vererbung ergänzt die Mendelschen Gesetze, indem sie eine Schicht der Genregulation einführt, die flexibel anpassbar auf Umweltveränderungen reagiert. Bisherige Forschungsergebnisse, die auf das Zusammenspiel von Epigenetik und Vererbung hinweisen, sind vielversprechend, aber auch mit einer vorsichtigen Skepsis zu betrachten. Strittig bleibt, in welchem Ausmaß epigenetische Modifikationen stabil genug sind, um über mehrere Generationen hinweg Bestand zu haben.

Die gewonnene Erkenntnisse über epigenetische Mechanismen und ihre Bedeutung innerhalb der Erbbiologie haben weitreichende Anwendungsgebiete. Sie eröffnen neuartige Ansätze zur Diagnostik und Therapie genetischer Erkrankungen, da sie aufzeigen, dass Gene anders reguliert und behandelt werden können, als es die klassische Genetik erlauben würde. Epigenetische Arzneimittel, die darauf abzielen, abweichende epigenetische Markierungen zu korrigieren, stehen bereits in verschiedenen Phasen der klinischen Prüfung und machen Hoffnung auf neue Behandlungsansätze, etwa bei Krebs oder neurologischen Erkrankungen.

Zusammengefasst liefert die Epigenetik ein tiefgreifendes Verständnis für die Dynamik unseres genetischen Codes und seine reaktive Anpassung an Umweltbedingungen. Diese Einsichten eröffnen neue Fragestellungen und Herausforderungen, die nicht nur in der Grundlagenforschung, sondern auch in der angewandten Erbbiologie von großer Bedeutung sind. Mit jedem weiterführenden Verständnis der epigenetischen Prozesse wird deutlich, dass im Zusammenspiel von Genen und Umwelt wohl noch unzählige weitere verborgene Mechanismen auf ihre Entdeckung warten.

Historische Umwelteinflüsse und deren langfristige epigenetische Signaturen

Die epigenetische Forschung hat in den letzten Jahrzehnten entscheidende Einblicke in die Frage gewährt, wie Umwelteinflüsse tiefgreifende Effekte auf die genetischen Schaltmuster ausüben können, die sich über Generationen erstrecken. Ein faszinierender Aspekt dieser Erkenntnisse liegt in der Betrachtung historischer Umwelteinflüsse und der damit verbundenen epigenetischen Signaturen, die tief in unserem Erbgut verwurzelt sein können. Diese Signaturen sind die molekularen Markierungen, die andeuten, welchen Belastungen und Bedingungen unsere Vorfahren ausgesetzt waren, und wie diese Erfahrungen noch heute in unseren Genen nachhallen.

Historische Umwelteinflüsse umfassen eine breite Spannweite, darunter klimatische Veränderungen, Kriege, Hungersnöte und epidemische Krankheiten. Solche extremen

Ereignisse haben nicht nur unmittelbare Auswirkungen auf das Überleben gehabt, sondern auch langfristige Spuren im Erbgut hinterlassen. Zum Beispiel deutet die Erforschung der Hungersnot in den Niederlanden während des Zweiten Weltkrieges auf epigenetische Veränderungen hin, die die Risikoanpassungen für bestimmte metabolische Erkrankungen in späteren Generationen beeinflusst haben. Forscher haben herausgefunden, dass Menschen, deren Vorfahren der Hungersnot ausgesetzt waren, spezifische Muster der Methylierung in Genen zeigen, die mit der Regulation des Wachstums und des Metabolismus in Zusammenhang stehen (Heijmans et al., 2008).

Diese Entdeckungen bekräftigen die Möglichkeit, dass bestimmte epigenetische Modifikationen eine Art von "epigenetischem Gedächtnis" bilden könnten, das als evolutionärer Vorteil oder als Schutzmechanismus dient. Doch während einige Marker schützende Funktionen verstärken, könnten andere unerwünschte Nebenwirkungen haben, wie etwa ein erhöhtes Risiko für kardiovaskuläre Erkrankungen oder Diabetes. Hier wird die faszinierende Verbindung zwischen Vergangenheit und Gegenwart besonders deutlich: Während unsere Ahnen die Herausforderungen ihrer Zeit bewältigten, gaben sie möglicherweise molekulare Werkzeuge weiter, die uns helfen, in unserer eigenen Umwelt zu überleben.

Darüber hinaus rücken archäologische und historische Daten zunehmend in den Fokus epigenetischer Studien, die darauf abzielen, versteckte Signaturen herauszufiltern, die traditionelle genetische Ansätze nicht aufdecken können. Diese Forschungsrichtungen verlassen sich auf Datensynthesen, die jenseits der genomischen Sequenzierung liegen, um besser zu verstehen, welche Rolle jahrhundertealte Ereignisse in der Anpassung moderner Populationen spielen können.

Die Methodologie, mit der diese Signaturen erkannt und analysiert werden, ist ebenso bemerkenswert wie komplex. Forscher nutzen modernste Techniken wie die Bisulfit-Sequenzierung, um Methylierungsprofile zu rekonstruieren oder Histonmodifikationsmuster zu identifizieren, die auf historische Umweltbelastungen hinweisen. Solche Anstrengungen erfordern eine interdisziplinäre Herangehensweise, die Fachwissen aus Geschichte, Biologie und Informatik vereint, um diese vielschichtigen Daten sinnvoll zu interpretieren.

Jedoch schafft diese Komplexität auch Herausforderungen, insbesondere bei der Frage, inwieweit diese historischen epigenetischen Signaturen eine Kausalität oder lediglich eine Korrelation widerspiegeln. Hier liegt eine faszinierende, noch nicht vollständig erschlossene Dimension der epigenetischen Forschung. Ist es möglich, bestimmte Umweltbedingungen, die über die Jahrhunderte hinweg bestanden, direkt mit den heutigen Gesundheitsanfälligkeiten in Verbindung zu bringen? Die Antwort darauf könnte nicht nur tiefergehende Einblicke in unsere eigene biologische Geschichte liefern, sondern auch innovative Strategien zur Gesundheitsprävention und Krankheitsbekämpfung in der Zukunft eröffnen.

Diese Erkenntnisse unterstreichen die Bedeutung, die unsere Ahnen und deren Umwelterfahrungen für unser aktuelles genetisches Material haben. Historische Umwelteinflüsse bieten einen faszinierenden, wenig erforschten Bereich, der reich an Erkenntnismöglichkeiten ist und uns ein besseres Verständnis darüber vermitteln kann, wie tief die Wurzel unserer biologischen Identität verankert ist.

Wie Umweltfaktoren die Genexpression beeinflussen

Die faszinierende Welt der Epigenetik eröffnet uns die Möglichkeit, die komplexe Interaktion zwischen Genen und Umwelt auf eine Weise zu verstehen, die weit über die klassische Genetik hinausgeht. Im Zentrum dieser Interaktion steht die Genexpression – der Prozess, durch den genetische Informationen in Proteine umgesetzt werden. Diese Proteine spielen eine entscheidende Rolle in der Aufrechterhaltung sämtlicher biologischer Funktionen. Umweltfaktoren beeinflussen diesen Prozess maßgeblich, indem sie reversible Modifikationen an der DNA und den sie umgebenden Proteinen hervorrufen.

Eine der grundlegendsten Methoden, durch die Umwelt-faktoren die Genexpression beeinflussen, ist die DNA-Me-thylierung. Bei diesem Prozess werden Methylgruppen an die DNA-Molekülstruktur angehängt, was in der Regel zur Repression der Transkription führt. Diese epigenetische Markierung wirkt wie ein biologischer Schalter, der be-stimmte Gene 'an'- oder 'ausschalten' kann. Studien haben gezeigt, dass Umweltfaktoren wie Ernährung, Stress oder Schadstoffe die Methylierungsmuster signifikant verändern können (Feil & Fraga, 2012).

Ähnlich komplex sind die Histonmodifikationen, bei denen chemische Veränderungen an Histonproteinen vorgenom-men werden. Diese Proteine sind im Wesentlichen die Spu-len, um die die DNA gewickelt ist. Durch Acetylierung, Me-thylierung, Phosphorylierung und andere Veränderungen dieser Proteine wird der Zugang der Transkriptionsmaschi-nerie zur DNA gesteuert, was letztendlich die Genexpres-sion beeinflusst (Strahl & Allis, 2000). Historische Umwelt-einflüsse, wie zum Beispiel Hungersnöte oder Kriege, ha-ben gezeigt, dass die so erzielten Modifikationen lebens-lange Auswirkungen haben können, die sogar an nachfol-gende Generationen weitergegeben werden (Kaati et al., 2007).

Nicht-kodierende RNAs, insbesondere Mikro-RNAs (miRNA), sind ein weiteres wesentliches Instrument, mit dem die Umwelt die Genexpression moduliert. Diese klei-nen RNA-Moleküle regulieren die Expression von Genen posttranskriptional, indem sie sich an komplementäre Sequenzen auf der Ziel-mRNA binden und deren Abbau oder die Hemmung ihrer Translation in Proteine fördern. Umweltveränderungen, von klimatischen Schwankungen bis hin zu Lebensstiländerungen, können die Produktion und Wirksamkeit dieser miRNAs beeinflussen, was weitreichende Folgen für die zellulären Prozesse und das individuelle Wohlbefinden haben kann (Dzikiewicz-Krawczyk, 2018).

Der Einfluss von Umweltfaktoren auf die Genexpression zeigt sich auch in der Adaptation an neue Lebensumstände. Ein bemerkenswertes Beispiel hierfür ist die Anpassung von Pflanzen an neue Klimazonen durch epigenetische Veränderungen. Diese dynamische Fähigkeit erlaubt es den Organismen, in einer sich ständig verändernden Umgebung zu überleben. Bei Tieren und Menschen sind diese Mechanismen meist weniger offensichtlich, spielen aber in der Anpassung an Umweltstress, wie zum Beispiel Höhenlagen oder extreme Kälte, eine ebenso wichtige Rolle (Rando & Verstrepen, 2007).

Zusammenfassend lässt sich sagen, dass Umweltfaktoren vielfältige und entscheidende Rollen bei der Steuerung der Genexpression spielen. Die Epigenetik als Vermittler zeigt uns, dass unsere Gene nicht unerschütterlich an unser festgelegtes Schicksal gebunden sind, sondern dass Umwelteinflüsse die Aktivität von Genen verändern können, oft mit langfristigen und tiefgreifenden Folgen. Die fortlaufende Forschung in diesem Bereich wird zweifellos neue Erkenntnisse darüber liefern, wie epigenetische Mechanismen genutzt werden können, um gesundheitliche Herausforderungen zu bewältigen und das Verständnis unserer biologischen Vergangenheit zu vertiefen.

Die Rolle von Ernährung und Lebensstil in der epigenetischen Modifikation

Die epigenetische Modifikation stellt einen entscheidenden Mechanismus dar, durch den äußere Einflüsse wie Ernährung und Lebensstil nachhaltige Veränderungen in der Genexpression bewirken können, ohne die zugrunde liegende DNA-Sequenz zu verändern. Besonders in der modernen Epigenetik zeichnet sich ein wachsendes Interesse daran ab, wie diätetische Faktoren und Alltagsgewohnheiten die molekularen Prozesse in unseren Zellen modulieren und in der Lage sind, diese Veränderungen an nachfolgende Generationen weiterzugeben.

Ernährung ist weit mehr als die bloße Aufnahme von Nährstoffen zur Energiegewinnung. Sie beeinflusst die biochemischen Prozesse in unserem Körper maßgeblich, indem spezifische Nahrungsbestandteile epigenetische Marker wie die DNA-Methylierung und Histonmodifikationen beeinflussen. Beispielsweise haben Studien gezeigt, dass eine Diät reich an Folsäure, Vitamin B12, Betain und Methionin den globalen Methylierungsstatus der DNA in menschlichen und tierischen Modellsystemen erheblich beeinflussen kann (Waterland & Jirtle, 2003). Diese Nährstoffe fungieren als Methylgruppen-Donoren und tragen zur Bildung von SAM (S-Adenosylmethionin) bei, einem wesentlichen Coenzym im Methylierungsprozess.

Eine bemerkenswerte Untersuchung zu den Auswirkungen von Ernährung auf epigenetische Modifikationen betraf das Agouti-Gen der Maus. Durch eine Veränderung der maternalen Ernährung konnte der Phänotyp der Nachkommen erheblich verändert werden, was die Plastizität epigenetischer Markierungen und ihre Abhängigkeit von diätetischen Faktoren illustriert. Diese Erkenntnisse lassen darauf schließen, dass die Ernährungsweise der Vorfahren eine signifikante Rolle bei der Prägung der Gesundheit zukünftiger Generationen spielen könnte (Dolinoy et al., 2006).

Parallel zur Ernährung hat der Lebensstil, der Aspekte wie körperliche Aktivität, Stressniveau und Exposition gegenüber Umweltfaktoren umfasst, Einfluss auf das epigenetische Profil eines Individuums. Körperliche Bewegung beispielsweise wurde in Zusammenhang mit Veränderungen der DNA-Methylierung in Genen gebracht, die an Entzündungsprozessen und Stoffwechselwegen beteiligt sind. Regelmäßige Bewegung kann somit nicht nur die allgemeine Gesundheit verbessern, sondern auch epigenetische Markierungen beeinflussen, die mit einem reduzierten Risiko für chronische Erkrankungen wie Typ-2-Diabetes verbunden sind (Denham et al., 2015).

Der Lebensstil geht jedoch auch mit Risikofaktoren einher, die negative Auswirkungen auf das Epigenom haben können, wie übermäßiger Alkoholkonsum und Rauchen. Diese Verhaltensweisen sind mit der Hypo- oder Hypermethylierung spezifischer Genomregionen assoziiert, die Prozesse wie Karzinogenese und Suchtverhalten beeinflussen können (Zhu et al., 2012).

Die Auswirkungen von Ernährung und Lebensstil auf epigenetische Marker sind nicht nur während der individuellen Lebensspanne von Bedeutung, sondern können durch Keimbahnvererbung an die nächste Generation weitergegeben werden. Dies wird durch die Konzeptualisierung der transgenerationalen Epigenetik deutlich, bei der nachfolgende Generationen unbewusst durch die Lebensweise ihrer Vorfahren beeinflusst werden. Diese Erkenntnisse verdeutlichen die Notwendigkeit, einen gesunden Lebensstil nicht nur für das individuelle Wohl, sondern auch unter dem Gesichtspunkt des epigenetischen Erbes zu fördern.

Zusammenfassend ist der Einfluss von Ernährung und Lebensstil auf die epigenetischen Mechanismen ein faszinierendes Forschungsgebiet, das weiterhin unser Verständnis von Gesundheit und Krankheitsveranlagungen transformiert. Die Beweise für diätetische und lebensstilbedingte epigenetische Modifikationen verdeutlichen die

Komplexität der Wechselwirkungen zwischen Genen und Umwelt und unterstreichen die Wichtigkeit vorbeugender Lebensweise, um positive epigenetische Veränderungen zu fördern, die das der Familie weitergegeben werden könnten.

Referenzen:

Waterland, R. A., & Jirtle, R. L. (2003). Transposable elements: targets for early nutritional effects on epigenetic gene regulation. *Molecular and Cellular Biology*, 23(15), 5293-5300.

Dolinoy, D. C., Huang, D., & Jirtle, R. L. (2006). Maternal nutrient supplementation counteracts bisphenol A-induced DNA hypomethylation in early development. *Proceedings of the National Academy of Sciences*, 104(32), 13056-13061.

Denham, J., O'Brien, B. J., & Charchar, F. J. (2015). Telomere length maintenance and exercise: genomic and epigenomic effects. *Mitochondrion*, 30, 14-18.

Zhu, M., et al. (2012). Hypermethylation of CpG islands in the promoter region inhibits the expression of aldehyde dehydrogenase 2 in EV71-infected Vero cells. *Journal of Virology*, 86(12), 6550-6562.

Toxine und Schadstoffe: Ihre epigenetischen Auswirkungen auf zukünftige Generationen

Toxine und Schadstoffe sind nicht nur im Alltag vieler Menschen allgegenwärtig, sondern sie hinterlassen auch Spuren, die weit über den individuellen Organismus hinausgehen und Generationen darauf beeinflussen können. In der Epigenetik wird zunehmend erkannt, dass Umwelteinflüsse, einschließlich der Exposition gegenüber chemischen Toxinen und Schadstoffen, tiefgreifende und langanhaltende epigenetische Veränderungen hervorrufen können. Diese Modifikationen haben das Potenzial, von einer Generation zur nächsten weitergegeben zu werden, was signifikante biologische und gesundheitliche Auswirkungen zur Folge hat.

Es sind vielfältige Arten von Umweltgiften, die im Mittelpunkt der Forschung stehen: Von industriellen Chemikalien, die als Abfallprodukte in Luft, Wasser und Boden gelangen, bis hin zu alltäglichen Substanzen wie Pestiziden und Schwermetallen, die in Lebensmitteln oder über die Atemluft in unseren Körper gelangen können. Besonders bedenklich sind sogenannte persistente organische Schadstoffe (POPs), die sich im Körper anreichern und schwer abgebaut werden. Sie stehen im Verdacht, Störungen im endokrinen System auszulösen und damit epigenetische Modifikationen zu begünstigen.

Ein eindrucksvolles Beispiel für die epigenetische Wirkung von Schadstoffen ist das Pestizid DDT (Dichlordiphenyltrichlorethan). Studien haben aufgezeigt, dass die Exposition gegenüber DDT nicht nur die unmittelbare

Genexpression bei den direkt betroffenen Individuen verändert, sondern auch transgenerationale Effekte hervorrufen kann. Als Bezugspunkt für diese Schlussfolgerungen dient unter anderem eine Studie von C. Skinner et al., die zeigt, dass männliche Nachkommen von Ratten, die DDT ausgesetzt waren, Anzeichen von verminderter Fruchtbarkeit aufwiesen, was auf veränderte epigenetische Muster zurückgeführt wurde [Skinner, M. K. et al. "Transgenerational epigenetic imprints on mate preference." Nature Communications 5 (2014): 1-9].

Neben chemischen Stoffen sind auch Luftverschmutzungen – beispielsweise autoabgängig erzeugte Feinstaubpartikel und ultrafeine Partikel – Gegenstand intensiver Untersuchungen. Diese schädlichen Stoffe können über die Atemwege aufgenommen werden und haben das Potenzial, entzündliche Prozesse im Körper zu initiieren, die ihrerseits epigenetische Markierungen beeinflussen. Durch DNA-Methylierung, eine der zentralen epigenetischen Mechanismen, können Langzeitauswirkungen auf die Genregulation erfolgen, die mit Erkrankungen wie Asthma, Herz-Kreislauf-Erkrankungen und metabolischen Störungen in Verbindung gebracht werden.

Darüber hinaus hat die Exposition gegenüber Schwermetallen wie Blei und Quecksilber weitreichende Auswirkungen. Untersuchungen haben gezeigt, dass Blei insbesondere in der frühen Entwicklungsphase neurotoxische Effekte auslöst, die durch Veränderungen in der Methylierung von Gene-Promotor-Regionen, welche neuronale Entwicklungen steuern, vermittelt werden. Diese epigenetische Vererbung kann das Risiko von Verhaltensauffälligkeiten und kognitiven Einschränkungen auch bei späteren Generationen steigern.

Ein weiterer Aspekt, der berücksichtigt werden sollte, ist die Interaktion zwischen verschiedenen toxischen Stoffen. Viele Umweltgifte wirken nicht isoliert, sondern in Kombination, wodurch synergetische Effekte entstehen können, die eine noch stärkere epigenetische Beeinflussung zur Folge haben. Interdisziplinäre Forschungsteams konzentrieren sich daher darauf, die komplexen Interaktionen zwischen multiplen Schadstoffen und ihren kumulativen epigenetischen Auswirkungen zu entschlüsseln.

Abschließend lässt sich feststellen, dass die Bewertung der Risiken, die durch toxische und schädliche Substanzen entstehen, nicht nur auf der unmittelbaren toxikologischen Wirkung beruhen sollte, sondern auch die potenziellen epigenetischen Folgen miteinbeziehen muss. Nur so kann ein ganzheitliches Verständnis darüber gewonnen werden, inwieweit Umweltgifte zur Krankheitsentstehung durch generationsübergreifende Mechanismen beitragen. Diese Erkenntnisse sind maßgeblich, um präventive Maßnahmen zu ergreifen und die öffentliche Gesundheit zu schützen.

Stress und seine epigenetischen Abdrücke: Von psychischen Belastungen zu physischen Veränderungen

Stress ist ein allgegenwärtiger Bestandteil des modernen Lebens und beeinflusst nahezu jeden Aspekt unseres körperlichen und seelischen Wohlbefindens. Dieser Einfluss reicht jedoch weit über die unmittelbar wahrnehmbaren physischen und psychischen Reaktionen hinaus und hinterlässt tiefgreifende Spuren im epigenetischen Muster unseres Erbguts, die sich verändern und auf nachkommende Generationen übertragen können. Diese epigenetischen Veränderungen durch Stress zu verstehen und zu interpretieren, bietet eine faszinierende Perspektive auf die komplexen Wechselwirkungen zwischen Individuum, Umwelt und Erbe.

Der Begriff „Stress" wurde erstmals von Hans Selye in den 1930er Jahren geprägt und kann vielfältige Formen annehmen. Psychischer Stress kann beispielsweise aus Arbeit, sozialen Beziehungen oder finanziellen Sorgen resultieren. Physischer Stress hingegen kann durch Umweltfaktoren wie Lärm oder Temperaturveränderungen verursacht werden. Beide Formen können erhebliche epigenetische Modifikationen nach sich ziehen, die über die individuelle physiologische Reaktion auf Stress hinausgehen.

Eine der primären epigenetischen Reaktionen auf Stress ist die DNA-Methylierung. Diese Modifikation kann spezifische Gene ein- oder ausschalten, indem Methylgruppen an die DNA angelagert werden. Studien haben gezeigt, dass chronischer Stress zu einer veränderten Methylierung von Genen führen kann, die für Stressreaktionen und emotionale Regulation verantwortlich sind. Eine signifikante Studie von McGowan et al. (2009) wies darauf hin, dass Personen, die in ihrer Kindheit Missbrauchserfahrungen gemacht hatten, eine erhöhte Methylierung des Glukokortikoidrezeptor-Gens im Hippocampus aufwiesen, was wiederum die Stressreaktion des Körpers moduliert.

Neben DNA-Methylierung wirkt sich Stress auch auf die Histonmodifikation aus, ein Mechanismus, der die Struktur der DNA beeinflusst und somit die Genexpression reguliert. Unter Stress können Histone deacetyliert oder methyliert werden, was die Zugänglichkeit der DNA für Transkriptionsfaktoren verändert und dadurch die Genaktivität moduliert. Diese Veränderungen sind nicht nur kurzfristig, sondern können, wie Forschungen an Mäusen nahelegen, auch auf die folgende Generation übertragen werden (Weaver et al., 2004).

Ein weiteres Instrument der epigenetischen Regulierung sind nicht-kodierende RNAs, die zunehmend als Vermittler von Stressreaktionen erkannt werden. Diese Moleküle können die Expression von Genen unter Stressbedingungen modulieren, indem sie als molekulare Schalter fungieren. Li et al. (2018) zeigten, dass MicroRNAs (miRNAs), eine Klasse nicht-kodierender RNAs, eine entscheidende Rolle in der Anpassung an Stress spielen, indem sie die Genexpression fein abstimmen und so zum Überleben und zur Stressbewältigung beitragen.

Diese epigenetischen Änderungen sind nicht statisch. Sie können dynamisch durch Stressfaktoren beeinflusst und bei Entspannung oder durch therapeutische Maßnahmen teilweise revidiert werden. Der Prozess der reversiblen epigenetischen Änderungen liefert interessante mögliche Interventionen für Therapien von stressinduzierten Störungen, wie Depressionen oder posttraumatischen Belastungsstörungen, indem sie spezifische epigenetische Markierungen anvisieren.

Doch nicht alle epigenetischen Reaktionen auf Stress sind negativ. Einige dieser Veränderungen können adaptive Vorteile bieten, indem sie uns helfen, besser auf künftige stressreiche Situationen zu reagieren. Zum Beispiel können anhaltende leichte Stressoren die Entwicklung von Resilienz fördern, einer verbesserten Stressbewältigungsfähigkeit, die mit vorteilhaften epigenetischen Modifikationen einhergehen kann.

Die intergenerationelle Weitergabe dieser stressbedingten epigenetischen Modifikationen bleibt ein spannendes und vielversprechendes Forschungsfeld. Frühere Studien an

Nagetieren sowie erste Humanstudien legen nahe, dass die epigenetischen Markierungen, die durch Stress entstehen, über Keimzellen an nachfolgende Generationen weitergegeben werden können, was die Nachkommen auf subtile Weise auf Umwelteinflüsse vorbereitet, denen ihre Eltern ausgesetzt waren. Diese Erkenntnisse werfen wichtige Fragen zum Umgang mit Stress in verschiedenen Lebensabschnitten und seine langfristigen Auswirkungen auf die Gesundheit künftiger Generationen auf.

Die Erforschung von Stress und seinen epigenetischen Auswirkungen eröffnet ein komplexes Bild, das eine multidisziplinäre Herangehensweise erfordert, um die Verbindungen zwischen psychischen Belastungen und physischen Veränderungen zu entziffern. Letztlich bietet diese Wissensbasis die Möglichkeit, präventive und therapeutische Strategien zu entwickeln, die nicht nur individuell heilsam sind, sondern auch das Erbe der zukünftigen Generationen positiv beeinflussen können.

Epigenetische Mechanismen als adaptive Reaktionen auf Umweltveränderungen

Epigenetik, ein Begriff, der erst in den letzten Jahrzehnten an wissenschaftlichem Interesse gewonnen hat, lässt sich als Bindeglied zwischen Genetik und Umwelt verstehen. In einer sich ständig verändernden Welt, in der Organismen täglich verschiedenen Umweltreizen ausgesetzt sind, hat die

Natur erstaunliche Mechanismen entwickelt, um auf diese Veränderungen flexibel zu reagieren – die epigenetischen Mechanismen.

Die Fähigkeit, sich an neue Umweltbedingungen anzupassen, ist für das Überleben und die Evolution jeder Spezies entscheidend. Dabei spielen epigenetische Modifikationen, wie DNA-Methylierung, Histonmodifikation und nicht-kodierende RNAs, entscheidende Rollen. Diese Modifikationen beeinflussen, wann und wie genetische Informationen abgelesen werden, ohne dabei die zugrunde liegende DNA-Sequenz zu verändern. Diese Flexibilität ermöglicht eine schnelle Anpassungsfähigkeit an Umweltveränderungen, ohne auf langsame genomische Mutationsraten angewiesen zu sein. Wissenschaftler wie Jablonka und Lamb (1995) sprechen von der "epigenetischen Vererbung", die es erlaubt, erworbene Eigenschaften weiterzugeben, was Evolution neu definieren könnte.

Ein bemerkenswertes Beispiel für diese adaptive Veränderung findet sich in der Pflanzenwelt. Pflanzen, die starren, unwiderruflichen Umwelten gegenüberstehen, können über epigenetische Mechanismen erstaunliche Anpassungen zeigen. Studien haben gezeigt, dass Pflanzen, die Dürreperioden ausgesetzt sind, epigenetische Muster entwickeln, die ihre Nachkommen widerstandsfähiger gegen Wassermangel machen (Zhang et al., 2013). Diese epigenetischen Marker werden in den nächsten Generationen beibehalten, was eine erweiterte Form des Umweltgedächtnisses bedeutet.

Bei Tieren, insbesondere bei Säugetieren, sind epigenetische Reaktionen ebenso ausgeprägt – jedoch oft subtiler und komplexer. Ein klassisches Beispiel findet sich bei den berühmten holländischen Hungerwinter, die die Generationenfolge stark beeinflussten. Während des extremen Nahrungsmangels in den Jahren 1944-1945 führten epigenetische Veränderungen bei Schwangeren zu signifikanten Modifikationen in der DNA-Methylierung ihrer Nachkommen. Diese Veränderungen waren auch in der dritten Generation nachweisbar, was darauf hindeutet, dass eine einzige Umweltbelastung tiefgreifende und langfristige epigenetische Anpassungen in der Populationsbiologie hervorrufen kann (Heijmans et al. 2008).

Der Mensch ist ein besonders interessantes Studienobjekt für die Erforschung epigenetischer Reaktionen auf Umweltveränderungen. Moderne Forschungen legen nahe, dass nicht nur physische, sondern auch psychologische Umweltfaktoren epigenetische Signaturen hinterlassen können. Stress, Ernährungsweisen und gesellschaftliche Interaktionen sind allesamt in der Lage, epigenetische Landschaften zu kartieren, die in Ausprägung und Phänotyp ein Leben lang wirken. McEwen und Wingfield (2003) prägten den Begriff der "Allostatic Load", um die physiologischen und epigenetischen Auswirkungen von Stress und Anpassung zu beschreiben.

Während wir noch am Anfang stehen, die Komplexität und die Reichweite epigenetischer Mechanismen vollständig zu verstehen, sind die bisherigen Erkenntnisse zutiefst beeindruckend. Sie fordern unser konventionelles Verständnis von Vererbung und Adaptation heraus und bieten neue Werkzeuge, um die Menschheitsgeschichte aus einer molekularen Perspektive zu beleuchten. Die Idee, dass Umwelterfahrungen nicht nur in unserer Lebensspanne, sondern über Generationen hinweg Wirkung zeigen können, eröffnet neue Dimensionen in der Erforschung menschlicher Gesundheit und Evolution.

Epigenetische Mechanismen als adaptive Reaktionen auf Umweltveränderungen sind somit keine isolierten Phänomene, sondern fundamentale Aspekte eines evolutionären Prozesses, der auf molekularer Ebene bewegt und sich entfaltet. Sie bieten ein faszinierendes Fenster in die Art und Weise, wie Geschichten in unseren Genen geschrieben und weitergegeben werden und wie die Vergangenheit die Gestaltung unserer Zukunft beeinflusst.

Auswirkungen klimatischer Veränderungen auf das epigenetische Erbe

Die fortschreitende Veränderung unseres Klimas hat nicht nur sichtbare Auswirkungen auf die physische Umwelt, sondern hinterlässt auch unsichtbare Spuren auf uns als biologische Wesen. Die klimatischen Veränderungen wirken sich auf faszinierende Weise auf das epigenetische Erbe aus und fordern unser Verständnis davon heraus, wie Gene und Umwelt in einer dynamischen Interaktion stehen.

Die Epigenetik bietet einen Durchbruch in der Vorstellung, dass Gene allein unser Schicksal bestimmen. Vielmehr ist es das Zusammenspiel zwischen unserer genetischen Ausstattung und den äußeren Umweltbedingungen, das das Ausmaß der Genexpression reguliert. In jüngerer Zeit wird zunehmend deutlich, dass klimatische Veränderungen, wie globale Erwärmung, Verschiebungen in Niederschlagsmustern und veränderte Landnutzungspraktiken, tiefgreifende epigenetische Reaktionen hervorrufen können.

Ein bemerkenswertes Beispiel betrifft die Anpassungsmechanismen von Pflanzen an sich ändernde Klimazonen. Studien haben gezeigt, dass bestimmte epigenetische Mechanismen Pflanzen dabei helfen, sich an erhöhte Temperaturen oder Wassermangel anzupassen. Diese umfassen oft Veränderungen in der DNA-Methylierung, eine der prominentesten epigenetischen Modifikationen, die durch die Anhängung von Methylgruppen an die DNA erfolgt. Solche Änderungen können in der Pflanze dazu führen, dass hitzeresistente Merkmale ohne genetische Mutation entwickelt werden. Untersuchungen, darunter Arbeiten von Latzel et al. (2018), betonen, dass diese epigenetischen Anpassungen nicht nur in einem Organismus wirken, sondern auch oft an folgende Generationen weitergegeben werden können.

Doch es sind nicht nur Pflanzen, die auf Klimaveränderungen mit epigenetischen Modifikationen reagieren. Auch im Tierreich gibt es zahlreiche Studien, die diese Anpassungen dokumentieren. Eine bemerkenswerte Untersuchung an Vogelspezies in urbanen und ländlichen Ökosystemen

(Tessier et al., 2017) zeigte, dass Vögel in städtischen Gebieten durch stärkere Umweltstressfaktoren auf epigenetische Veränderungen reagieren, die eine Rolle in der Regulierung von Stress und Stoffwechselprozessen spielen. Diese Veränderungen können langfristige Auswirkungen auf Populationen haben, die gezwungen sind, sich schnell an neue Klimabedingungen anzupassen.

Der Mensch ist ebenfalls betroffen. Extremtemperaturereignisse und andere klimatische Variablen können über epigenetische Mechanismen unser Immunsystem, unsere Reproduktion und sogar unser psychisches Wohlbefinden beeinflussen. Epidemiologische Studien legen nahe, dass Kindern, deren Mütter während der Schwangerschaft extremen Umweltbedingungen ausgesetzt sind, ein verändertes epigenetisches Profil aufweisen, das mit gesundheitlichen Auswirkungen im Erwachsenenalter korreliert.

Es ist von herausragender Bedeutung, dass wir verstehen, dass diese epigenetischen Anpassungen sowohl positiv als auch negativ sein können – sie unterstützen die Anpassung und das Überleben, können jedoch auch reproduktive und gesundheitliche Nachteile manifestieren. Die Forschung zu diesen Mechanismen ist noch in vollem Gange, und unser Verständnis dessen, wie tiefgreifend Klimaveränderungen das epigenetische Erbe formen können, wächst stetig.

Abschließend lässt sich sagen, dass das Verständnis der Auswirkungen klimatischer Veränderungen auf epigenetische Prozesse nicht nur wichtig für die Biologie und Gesundheitswissenschaften ist, sondern auch für die politischen Entscheidungsträger, da es die Dringlichkeit von Maßnahmen zur Bewältigung des Klimawandels unterstreicht. Indem wir die Verbindung zwischen Klimaveränderungen und Epigenetik erforschen, können wir besser vorbereiten und handeln, um die Gesundheit zukünftiger Generationen zu schützen.

Beispielhafte Studien zu Umwelteinflüssen und deren epigenetischem Vermächtnis

Die faszinierende Welt der Epigenetik hat uns in den letzten Jahrzehnten zunehmend Einblicke in die komplexen Wechselwirkungen zwischen Umweltfaktoren und genetischem Ausdruck ermöglicht. In diesem Kapitel widmen wir uns beispielhaften Studien, die diese Einflüsse untersuchen und verdeutlichen, wie tiefgreifend Umwelteinflüsse auf unser epigenetisches Erbe wirken können.

Eine der wegweisenden Studien auf diesem Gebiet ist die niederländische Hungerwinterstudie, die sich mit den langfristigen epigenetischen Veränderungen in Folge einer extremen Kalorienrestriktion während des Zweiten Weltkriegs befasst. Während des harten Winters von 1944-1945 waren zahlreiche Menschen in den Niederlanden einer akuten

Hungersnot ausgesetzt. Nachfolgende Untersuchungen dieser Bevölkerungsgruppe zeigten, dass Nachkommen, deren Mütter während der Schwangerschaft dieser Hungersnot ausgesetzt waren, modifizierte Methylierungsmuster aufwiesen. Diese epigenetischen Markierungen führten zu einem erhöhten Risiko für Stoffwechselerkrankungen und kardiovaskuläre Krankheiten in deren späterem Leben (Heijmans et al., 2008).

Eine ähnlich interessante Studie ist die Untersuchung der Auswirkungen von Luftverschmutzung auf die DNA-Methylierung bei Kindern in mexikanischen Städten. Forschungen haben gezeigt, dass kontinuierliche Exposition gegenüber Luftschadstoffen zu messbaren Veränderungen im epigenetischen Profil von Kindern führte. Diese Veränderungen können eine erhöhte Anfälligkeit für Atemwegserkrankungen sowie neurologische Entwicklungsstörungen zur Folge haben (Calderón-Garcidueñas et al., 2015).

Ein weiteres bemerkenswertes Beispiel stellt die Forschung zur pa Vietnamesischen Agent Orange-Exposition dar. Soldaten, die während des Vietnamkriegs diesem Herbizid ausgesetzt waren, zeigten epigenetische Veränderungen, die nicht nur ihre eigene Gesundheit beeinträchtigten, sondern auch gesundheitliche Probleme bei ihren Kindern verursachten. Diese Studie verdeutlicht die Langzeitwirkung toxischer Substanzen und untermauert die Notwendigkeit, solche Einflüsse aus einer epigenetischen Perspektive zu evaluieren (Rygiel, 2012).

Ein weniger bekanntes, aber nicht minder bedeutendes Beispiel ist die Baltimore-Longitudinal-Study on Aging. Diese Langzeitstudie analysiert seit Jahrzehnten die Auswirkungen von Lebensstilfaktoren wie Rauchen, Ernährung und körperliche Aktivität auf das epigenetische Profil der Teilnehmer. Die Studie zeigte, dass positive Lebensstiländerungen, wie regelmäßige körperliche Aktivität und eine gesunde Ernährung, schützende epigenetische Änderungen induzieren, die mit einer verringerten Erkrankungsrate im Alter korrelieren (Boros et al., 2016).

Abschließend sei darauf hingewiesen, dass diese exemplarischen Studien einen Einblick in die Breite und Tiefe der Umweltfaktoren bieten, die epigenetische Modifikationen verursachen können. Sie unterstreichen die Bedeutung, das Zusammenspiel zwischen Umwelt und Genetik zu verstehen, um zukünftige Generationen besser schützen und gesund erhalten zu können. Diese Forschung ist angesichts der wachsenden Umweltbelastungen und klimatischen Veränderungen von enormer Bedeutung und stellt eine kritische Basis für weitere Untersuchungen auf diesem spannenden Gebiet dar.

Die hier beschriebenen Studien zeigen nicht nur die Komplexität der epigenetischen Anpassungen an Umweltfaktoren, sondern heben auch hervor, wie wichtig es ist, politische und öffentliche Gesundheitsperspektiven zu berücksichtigen, um die Auswirkungen schädlicher Umwelteinflüsse zu mindern.

Herausforderungen und Grenzen in der Erforschung von Umwelt- und Epigenetikinteraktionen

Die Untersuchung der Wechselwirkungen zwischen Umweltfaktoren und der Epigenetik stellt ein hochkomplexes und dynamisches Forschungsgebiet dar, das sowohl vielversprechend als auch herausfordernd ist. Während die Wissenschaft bedeutende Fortschritte gemacht hat, um die Mechanismen zu verstehen, durch die Umweltfaktoren epigenetische Veränderungen hervorrufen können, gibt es weiterhin zahlreiche Herausforderungen und Grenzen. Diese ergeben sich sowohl aus der Komplexität der epigenetischen Mechanismen selbst als auch aus den vielfältigen und oft subtilen Einflüssen der Umwelt.

Eine der Hauptschwierigkeiten in der Epigenetikforschung ist die immense Vielfalt der potenziellen Umweltfaktoren, die es zu untersuchen gilt. Von Ernährungsgewohnheiten über chemische Belastungen bis hin zu psychologischen Stressoren — jeder dieser Faktoren kann auf einzigartige Weise in die epigenetische Regulation eingreifen. Daher ist es unabdingbar, hochspezialisierte und differenzierte

Forschungsansätze zu entwickeln, die in der Lage sind, die spezifischen Wirkungsweisen dieser Faktoren auf die epigenetische Landschaft präzise zu identifizieren und zu quantifizieren.

Erstes Problem der Erforschung dieser Wechselwirkungen ist die Frage der Kausalität. Wie kann man zweifelsfrei nachweisen, dass ein bestimmter Umweltfaktor eine direkte Ursache für eine beobachtete epigenetische Modifikation ist? Dieser Nachweis muss weit über bloße Korrelationen hinausgehen. Forschungsmethoden wie Randomized Controlled Trials (RCTs) sind oft nicht praktisch oder ethisch nicht vertretbar, weshalb alternative methodische Ansätze entwickelt werden müssen, um kausale Zusammenhänge adäquat zu untersuchen.

Die Zeitfenster der Sensibilität stellen eine weitere Herausforderung dar. Studien haben gezeigt, dass in bestimmten Lebensphasen wie der pränatalen Entwicklung oder der frühen Kindheit das epigenetische Programmieren besonders empfänglich für externe Einflüsse sein kann. Eine zielgerichtete Identifizierung und Untersuchung dieser empfindlichen Entwicklungsphasen ist entscheidend, um das Verständnis davon zu verbessern, wann und wie Umweltfaktoren die epigenetische Vererbung beeinflussen können.

Darüber hinaus gestaltet sich die Untersuchung der Persistenz und Stabilität epigenetischer Veränderungen als komplex. Nicht alle epigenetischen Modifikationen sind dauerhaft; einige sind transient und verschwinden, wenn der auslösende Umweltfaktor nicht mehr präsent ist. Forscher stehen vor der Herausforderung, die Bedingungen zu charakterisieren, die darüber bestimmen, ob eine Modifikation vorübergehend oder langfristig in der Zell-DNA eingebettet bleibt.

Eine der gegenwärtigen Grenzen der Epigenetikforschung ist die Fülle an Daten, die durch moderne Sequenzierungstechnologien und bioinformatische Analysen erzeugt werden. Während diese Technologien enorme Mengen an Daten über epigenetische Veränderungen liefern können, stellt die Analyse und Interpretation dieser Daten eine erhebliche Herausforderung dar. Die Komplexität der Daten kann leicht zu Fehlinterpretationen führen, falls die richtigen Analysetools und -methoden nicht verwendet werden.

Ein weiteres Problemfeld ist die Translation der im Labor gewonnenen Erkenntnisse auf den menschlichen Organismus und noch mehr auf die Populationsebene. Tiermodelle liefern oft wertvolle Erkenntnisse über grundlegende Mechanismen, doch bleibt offen, inwieweit diese auf Menschen übertragen werden können. Diese Herausforderung verlangt nach Projekten, die gezielt auf die Validierung im menschlichen Kontext abzielen, unter Berücksichtigung der genetischen und umweltbedingten Diversität der Menschheit.

Zuletzt müssen ethische Implikationen ins Auge gefasst werden, gerade wenn es um präventive oder therapeutische Maßnahmen basierend auf epigenetischen Erkenntnissen geht. Da epigenetische Veränderungen potenziell reversibel sind, besteht die Möglichkeit gezielter Interventionen. Jedoch sind die Langzeitfolgen solcher Eingriffe noch wenig verstanden, was zu einer vorsichtigen Herangehensweise mahnt.

Zusammengefasst ist die Erforschung von Umwelt- und Epigenetikinteraktionen ein ebenso vielversprechendes wie anspruchsvolles Vorhaben. Trotz der bestehenden Hürden können Fortschritte auf diesem Gebiet das Verständnis für die Nachhaltigkeit von Umweltwirkungen auf die Gesundheit und die Vererbung vertiefen, was weitreichende Auswirkungen auf Medizin, Gesellschaft und Politik haben könnte. Die Bewältigung dieser Herausforderungen wird nicht nur neue wissenschaftliche Erkenntnisse erfordern, sondern auch die fortwährende Integration interdisziplinärer Ansätze sowie eine enge Zusammenarbeit zwischen Forschern, Politikern und der Gesellschaft insgesamt.

Praktische Ansätze zur Erforschung der Ahnen-Epigenetik: Methoden und Technologien

Genomweite Assoziationsstudien (GWAS) zur Identifizierung epigenetischer Marker

Die genomweite Assoziationsstudien (GWAS) haben in den letzten Jahren bemerkenswerte Fortschritte in der genetischen Forschung ermöglicht, insbesondere im Bereich der Epigenetik. Diese Methode ermöglicht es Wissenschaftlern, die Verbindung zwischen genetischen Variationen und bestimmten phänotypischen Merkmalen oder Krankheitsdispositionen zu entschlüsseln und dadurch epigenetische Marker zu identifizieren, die möglicherweise eine Rolle bei der Vererbung bestimmter Merkmale spielen.

Genau genommen zielt GWAS darauf ab, assoziative Beziehungen zwischen sehr kleinen Variationen im Genom, sogenannten Single Nucleotide Polymorphisms (SNPs), und bestimmten phänotypischen Merkmalen herzustellen. Durch die Untersuchung ganzer Genome von tausenden bis zu Millionen von Individuen können Wissenschaftler bestimmen, welche SNPs häufiger bei Personen auftreten, die eine bestimmte Krankheit haben, im Vergleich zu einer gesunden Kontrollgruppe.

Im Kontext der Ahnen-Epigenetik bieten GWAS bemerkenswerte Möglichkeiten, vermittelnde epigenetische Veränderungen zu identifizieren. Dies geschieht durch die Kopplung genetischer Information mit epigenetischen Profilen - wie DNA-Methylierungsmustern oder Histonmodifikationen -, die durch Umwelteinflüsse, Lebensstil oder vererbbare Merkmale beeinflusst werden können. Durch derartige Studien gelingt es, besser zu verstehen, wie die Wechselwirkung zwischen Genom und Umwelt zur Diversität epigenetischer Marker führt, und welche Auswirkungen dies auf zukünftige Generationen haben könnte.

Ein wesentlicher Vorteil der Verwendung von GWAS zur Erforschung epigenetischer Marker ist die Fähigkeit, komplexe polygenetische Merkmale zu analysieren. Dies bedeutet, dass nicht nur ein einzelnes Gen, sondern viele genetische Faktoren berücksichtigt werden können, die mögliche Auswirkungen auf epigenetische Zustände haben. Genetiker können durch diesen Ansatz Korrelationsmuster und potenzielle Kausalitäten aufdecken, die sonst unentdeckt bleiben könnten.

Ein weiterer innovativer Ansatz innerhalb der GWAS ist die Integration von Multi-Omics-Daten, das heißt, die gleichzeitige Untersuchung von Genomik, Epigenomik, Transkriptomik und Proteomik. Diese holistische Perspektive ermöglicht es Wissenschaftlern, die vielschichtigen Beziehungen zwischen epigenetischen Mechanismen und Erbkrankheiten oder veranlagten Merkmalen umfassender zu verstehen. Hinzu kommt, dass die Entwicklung neuer bioinformatischer Werkzeuge die Verarbeitung und Analyse der enormen Datenmengen, die bei GWAS anfallen, erheblich erleichtert.

Nicht zu vernachlässigen ist jedoch, dass GWAS ihre Grenzen hat. Die Identifizierung von SNPs, die mit epigenetischen Markern assoziiert sind, bedeutet nicht zwangsläufig, dass diese SNPs kausal für ein bestimmtes Merkmal oder eine Krankheit sind. Weitergehende funktionelle Studien sind erforderlich, um die biologischen Mechanismen zu bestätigen. In diesem Zusammenhang sind epigenetische Studien, die auf funktionalen Analysen basieren, unerlässlich, um die genomischen Entdeckungen zu validieren und das Verständnis der komplexen Interaktionen zu vertiefen.

Zusammenfassend lässt sich sagen, dass GWAS in der Erforschung der Ahnen-Epigenetik eine bedeutende Rolle spielen. Sie bieten einen mächtigen Rahmen, um Assoziationen zwischen genetischen Varianten und epigenetischen Veränderungen, die über Generationen hinweg auftreten können, aufzudecken. Die kontinuierliche Verbesserung dieser technologischen Ansätze sowie die Erweiterung um neue Forschungstechnologien wie CRISPR/Cas9 zur experimentellen Manipulation von epigenetischen Markern verspricht, das Potenzial von GWAS in der Epigenetik weiter zu erschließen. Künftige Studien könnten das Wissen über die komplexen genetischen Netzwerke, die an der Vererbung epigenetischer Merkmale beteiligt sind, erheblich bereichern und einen wertvollen Beitrag zur individuellen Gesundheitsvorsorge leisten.

Techniken der DNA-Methylierung: Bisulfit-Sequenzierung und Arrays

Die DNA-Methylierung ist ein zentraler Mechanismus in der epigenetischen Regulation und spielt eine wesentliche Rolle bei der Kontrolle der Genexpression, sowohl während der Entwicklung als auch im Erwachsenenalter. In der Ahnen-Epigenetik ist das Verständnis der DNA-Methylierung von besonderer Bedeutung, da Änderungen in diesen Mustern von einer Generation zur nächsten weitergegeben werden können. Zu den führenden Techniken zur Untersuchung der DNA-Methylierung gehören die Bisulfit-Sequenzierung und die Verwendung von Arrays, die detaillierte Einblicke in den Methylierungsstatus des Genoms bieten.

Bisulfit-Sequenzierung: Eine detaillierte Analyse des Methylierungsstatus

Die Bisulfit-Sequenzierung gilt als der Goldstandard für die Analyse der DNA-Methylierung. Bei dieser Methode wird die DNA zunächst mit Bisulfit behandelt. Diese Behandlung konvertiert nicht-methylierte Cytosine zu Uracil, während methylierte Cytosine unverändert bleiben. Nach der Konversion wird die DNA sequenziert, was es ermöglicht, den Methylierungsstatus an einzelnen Basen entlang der DNA zu bestimmen. Ein entscheidender Vorteil dieser Technik ist ihre hohe Empfindlichkeit, die es erlaubt, selbst kleinste Veränderungen in der Methylierung zu erkennen.

Studies wie die von Frommer et al. (1992) haben gezeigt, dass die Bisulfit-Sequenzierung eine äußerst präzise und zuverlässige Methode zur Methylierungskartierung darstellt. Der größte Nachteil dieser Technik ist jedoch deren relativ hoher Aufwand und Kosten, insbesondere wenn große Genombereiche oder ganze Genome analysiert werden müssen.

Arrays zur Methylierungsanalyse: Praktische Vorteile und Anwendung

Methylierungsarrays bieten eine kostengünstigere und schnellere Alternative zur Bisulfit-Sequenzierung, insbesondere für große Studien, die viele Proben umfassen. Diese Arrays können tausende von CpG-Stellen gleichzeitig analysieren und bieten damit eine breit angelegte Untersuchung von Methylierungsmustern im Genom.

Illumina MethylationEPIC Arrays sind ein häufig verwendetes Beispiel dieser Technik, das eine Abdeckung von über 850.000 CpG-Stellen im menschlichen Genom bietet. Diese Arrays sind besonders vorteilhaft für die Identifikation von epigenetischen Veränderungen, die mit bestimmten Phänotypen oder Umwelteinflüssen korrelieren.

Eine Vielzahl von Forschungsarbeiten, darunter die von Moran et al. (2016), hat die Anwendbarkeit von Methylierungsarrays in großen Kohortenstudien hervorgehoben. Arrays sind besonders nützlich für epidemiologische Studien, bei denen ein breites Überblickswissen über das genomweite Methylierungsprofil erforderlich ist.

Vergleichende Analysen: Wann ist welche Technik geeignet?

Die Wahl zwischen Bisulfit-Sequenzierung und Arrays hängt von vielen Faktoren ab, einschließlich der spezifischen Forschungsfrage, der Anzahl der Proben und der gewünschten Auflösung der Daten. Die Bisulfit-Sequenzierung eignet sich bestens für detaillierte Studien, bei denen eine genaue Kartierung einzelner Methylierungsstellen notwendig ist. Arrays hingegen sind ideal für groß angelegte Studien, bei denen ein kostengünstiger und zeiteffizienter Überblick über das Methylierungsmuster gewünscht wird.

Es ist auch zu beachten, dass diese Methoden in Kombination verwendet werden können. Forscher können mit einem Methylierungsarray größere genomische Muster identifizieren und anschließend mit Bisulfit-Sequenzierung spezifische Bereiche von Interesse vertieft untersuchen.

Zukünftige Entwicklungen in der Methylierungsanalyse

Die Technologien zur Methylierungsanalyse entwickeln sich rasant weiter. Zu den vielversprechenden Fortschritten zählen die Entwicklung von Einzelzellanalysetechnologien, die es ermöglichen, die Heterogenität in Methylierungsmustern genau zu bestimmen, sowie Verbesserungen in der Sequenzierungsgenauigkeit und Kostenreduktion. Diese Fortschritte versprechen, die Möglichkeiten zur Untersuchung epigenetischer Veränderungen im Kontext der Ahnenforschung weiter auszubauen.

Wie Woodcock et al. (2019) anmerken, stellt die Kombination von verschiedenen Analysetechniken mit fortschrittlichen bioinformatischen Methoden eine aufregende Möglichkeit dar, um neue Einsichten in die Vererbung von Methylierungsmustern und deren Einfluss auf die Nachkommen zu gewinnen.

Insgesamt bietet die Untersuchung der DNA-Methylierung durch Bisulfit-Sequenzierung und Arrays eine aufschlussreiche Möglichkeit, die verborgenen Verbindungen zwischen den genetischen und epigenetischen Erbinformationen unserer Vorfahren zu entschlüsseln und deren Einfluss auf unsere eigene biologische Realität zu verstehen. Diese Techniken bilden somit das Rückgrat der modernen Ahnen-Epigenetik und sind entscheidend für die Erforschung intergenerationeller epigenetischer Muster.

Histonmodifikationen: Chromatin-Immunpräzipitation (ChIP) und deren Analyse

In der modernen Epigenetik hat die Untersuchung von Histonmodifikationen besondere Bedeutung gewonnen. Histone sind proteinhaltige Strukturen, um welche die DNA im Zellkern gewickelt ist. Diese Proteine sind nicht nur strukturelle Komponenten des Chromatins, sondern sie spielen auch eine entscheidende Rolle bei der Regulation genetischer Aktivität. Die Modifikationen der Histone — darunter Acetylierung, Methylierung, Phosphorylierung und Ubiquitinierung — beeinflussen, ob bestimmte Gene aktiviert oder zum Schweigen gebracht werden.

Eine der herausragenden Methoden zur Untersuchung dieser Modifikationen ist die Chromatin-Immunpräzipitation, kurz ChIP. Diese Technik erlaubt es Forschern, Proteine und DNA miteinander in Verbindung zu bringen und die Assoziation zwischen Histonmodifikationen und spezifischen DNA-Regionen zu analysieren. Dabei basiert ChIP auf der Immunopräzipitation, einem Verfahren, bei dem Antikörper eingesetzt werden, um spezifische Proteine aus einer biologischen Probe zu isolieren (Solomon, M. J., Larsen, P. L., & Varshavsky, A. (1988). Mapping protein-DNA interactions in vivo with formaldehyde. Molecular and Cellular Biology, 8(4), 1626-1632.).

Das Verfahren beginnt mit der Quervernetzung von DNA und Proteinen, was in der Regel durch Formaldehyd erfolgt. Dies fixiert die DNA und die mit ihr assoziierten Histone so, dass sie zusammenbleiben. Nach diesem Schritt wird die DNA fragmentiert, meist durch Scherung, was sie in kleinere, handhabbare Stücke zerlegt. Im nächsten Schritt werden spezifische Antikörper hinzugefügt, die auf die modifizierten Histone abzielen. Diese Antikörper binden an ihre Zielproteine und ermöglichen deren Isolation durch Präzipitation.

Nach der Immunpräzipitation werden die Protein-DNA-Querverbindungen rückgängig gemacht, häufig durch Erhitzen oder enzymatische Verdauung, sodass die DNA von den Proteinen getrennt wird. Diese isolierte DNA kann dann sequenziert und mit der Referenzgenomsequenz abgeglichen werden, was Aufschluss über die Anwesenheit und Position von Histonmodifikationen gibt (Orlando, V. (2000). Mapping chromosomal proteins in vivo by formaldehyde-crosslinked-chromatin immunoprecipitation. Trends in Biochemical Sciences, 25(3), 99-104.). Diese Technik ermöglicht es Wissenschaftlern, Einblicke in die epigenetische Regulation der Gene zu gewinnen und die Vererbungsmechanismen epigenetischer Markierungen zu verstehen.

Die Analyse der Daten aus ChIP-Experimenten ist ein kritischer Teil des Verfahrens. Sie umfasst die Normalisierung und Interpretation von Sequenzierungsdaten, die mit bioinformatischen Werkzeugen verarbeitet werden. Dabei werden Algorithmen zum Abgleich der immunpräzipitierten DNA-Sequenzen mit dem Referenzgenom verwendet, um die spezifischen Stellen epigenetischer Modifikationen zu lokalisieren. Diese Daten bieten wertvolle Informationen darüber, wie Umweltfaktoren oder die Lebensweise eines Individuums die Regulation seiner Gene beeinflussen können, indem sie epigenetische Marker verändern, die potenziell an nachfolgende Generationen weitergegeben werden können (Johnson, D. S., Mortazavi, A., Myers, R. M., & Wold, B. (2007). Genome-wide mapping of in vivo protein-DNA interactions. Science, 316(5830), 1497-1502.).

Letztlich bewegt sich die Erforschung von Histonmodifikationen mittels ChIP auf einem breiten Spektrum von Anwendungen, die von der Grundlagenforschung bis hin zu klinischen Untersuchungen reichen. Besonders relevant ist die Nutzung dieser Technologie zur Aufdeckung krankheitsassoziierter epigenetischer Muster, was neue Behandlungsmöglichkeiten eröffnen könnte. Ebenso können Studien zur intergenerationellen Epigenetik mit ChIP-Analysen die verborgenen Verbindungen zwischen der Vergangenheit, den Erfahrungen und Verhaltensweisen unserer Vorfahren und ihrer gegenwärtigen Auswirkungen beleuchten.

In der Ahnen-Epigenetik eröffnet die Verknüpfung von Histonmodifikationen mit spezifischen Ereignissen und Umwelteinflüssen der Vergangenheit neue Möglichkeiten, das komplexe Zusammenspiel von Genetik und Umwelteinflüssen besser zu verstehen. Diese Erkenntnisse tragen dazu bei, die Bedeutung epigenetischer Vererbung in einem größeren Zusammenhang zu betrachten und die kontinuierlichen Einflüsse längst vergangener Generationen auf unsere genetische Dynamik zu entschlüsseln.

Vererbung epigenetischer Muster: In-vivo- und In-vitro-Modelle

Die Wissenschaft der Epigenetik hat in den letzten Jahrzehnten enorme Fortschritte gemacht, insbesondere im Hinblick auf das Verständnis der Vererbung epigenetischer Muster. Epigenetische Modifikationen, die einst als reversible Anpassungen an Umweltreize betrachtet wurden, haben sich als potenziell erblich herausgestellt, obwohl die genauen Mechanismen noch Gegenstand intensiver Forschungen sind. Um diese komplexen intergenerationalen Vererbungsprozesse besser zu verstehen, spielen sowohl in-vivo- als auch in-vitro-Modelle eine zentrale Rolle. Diese Modelle sind unerlässlich, um die (Nicht-)Stabilität epigenetischer Markierungen über Generationen hinweg zu untersuchen und ihre Auswirkungen auf die Genexpression nachvollziehbar zu machen.

In-vivo-Modelle, wie Maus- und andere Tiermodelle, sind wertvolle Instrumente, da sie die natürliche Umgebung eines Organismus berücksichtigen und eine Beobachtung der tatsächlichen Vererbung von epigenetischen Modifikationen über mehrere Generationen hinweg ermöglichen. Eine Studie von *Skinner et al. (2008)* zeigte beispielsweise, dass die Exposition von Ratten gegenüber einem Fungizid epigenetische Veränderungen in der DNA-Methylierung verursachte, die bis zur vierten Generation weitergegeben wurden. Solche Modelle liefern überzeugende Beweise dafür, dass nicht nur genetische, sondern auch epigenetische Informationen potenziell vererbbar sind, was weitreichende Implikationen für die Verständnis der Evolution und Anpassung hat (Skinner et al., 2008).

In-vitro-Modelle bieten dagegen den Vorteil der Kontrolle und Isolierung spezifischer Bedingungen, die in lebenden Organismen schwer zu realisieren wären. Zellkulturstudien ermöglichen es Forschern, zelluläre und molekulare Mechanismen epigenetischer Veränderungen detailliert zu untersuchen. Die Verwendung von somatischen Zelllinien oder induzierten pluripotenten Stammzellen (iPSCs) hat es ermöglicht, Veränderungen in der DNA-Methylierung oder Histonmodifikation unter kontrollierten Bedingungen nachzuverfolgen (Takahashi & Yamanaka, 2006). Der Einsatz von 3D-Zellkulturen und Organ-on-a-Chip-Technologien erweitert zudem die Möglichkeiten, komplexe, gewebespezifische Epigenom-Modifikationen nachzubilden und zu studieren.

Wichtige Fortschritte in der epigenetischen Forschung sind auch auf die Nutzung moderner Techniken wie der Chromatin-Immunpräzipitation in Kombination mit Sequenzierung (ChIP-Seq) zurückzuführen, die es Forschern ermöglicht, spezifische DNA-Abschnitte zu identifizieren, die durch Histonmodifikationen beeinflusst sind. Ein tieferes Verständnis dieser Interaktionen trägt zur Klärung der Frage bei, wie epigenetische Muster stabil und über die Zellteilung hinaus aufrechterhalten werden, aber dennoch dynamisch modifizierbar bleiben, um auf Umweltveränderungen zu reagieren (Johnson et al., 2007).

Eine der Herausforderungen bei der Erforschung der Vererbung epigenetischer Muster besteht darin, zwischen epigenetischer Prädisposition und tatsächlich nachfolgendem Erbe zu unterscheiden. Hierbei sind longitudinal angelegte Modelle besonders wertvoll. Die Überprüfung von epigenetischen Markierungen in in-vivo-Modellen über Generationen hinweg, gepaart mit dem In-vitro-Ansatz, zielt darauf ab, die Dauerhaftigkeit epigenetischer Einflüsse innerhalb eines Lebenszyklus und darüber hinaus detailliert zu untersuchen.

Zusammenfassend lässt sich sagen, dass sowohl in-vivo- als auch in-vitro-Modelle entscheidend dafür sind, ein integratives Verständnis der potentiellen epigenetischen Vererbung zu erlangen. Während Tiermodelle Einblicke in ganze Organismen bieten, ermöglichen In-vitro-Ansätze eine detaillierte Untersuchung spezifischer Mechanismen und Faktoren, die zu epigenetischen Veränderungen führen. Diese kombinierte Herangehensweise ist erforderlich, um die komplexen Interaktionen zwischen Genetik und Epigenetik vollständig zu erfassen und das epigenetische Erbe der menschlichen Spezies besser zu verstehen.

Literaturverweise:

- Skinner, M. K., et al. (2008). "Epigenetic Transgenerational Actions of Endocrine Disruptors and Male Fertility." Science. 321(5893): 221-223.
- Takahashi, K., & Yamanaka, S. (2006). "Induction of Pluripotent Stem Cells from Mouse Embryonic and Adult Fibroblast Cultures by Defined Factors." Cell. 126(4): 663-676.
- Johnson, D. S., Mortazavi, A., Myers, R. M., & Wold, B. (2007). "Genome-wide mapping of in vivo protein-DNA interactions." Science. 316(5830): 1497-1502.

Transgenerationale Epigenetik: Tiermodelle und menschliche Studien

Die transgenerationale Epigenetik erforscht, wie Umwelteinflüsse und erlebte Erfahrungen über Generationen hinweg durch epigenetische Mechanismen weitergegeben werden können. Während die Grundlagen der Epigenetik bereits den Einfluss von DNA-Methylierung, Histonmodifikation und nicht-kodierenden RNA in der Genregulation klarstellen, untersucht der transgenerationale Ansatz insbesondere die Vererbung dieser epigenetischen Veränderungen ohne Veränderungen in der DNA-Sequenz selbst.

Tiermodelle haben sich als besonders nützlich erwiesen, um die Mechanismen der transgenerationalen Vererbung zu verstehen. Sie erlauben Wissenschaftlern, kontrollierte

Experimente zur Untersuchung epigenetischer Vererbung zu entwerfen, die in menschlichen Studien aufgrund ethischer und praktischer Herausforderungen nur schwer durchführbar sind. Ein bedeutsames Beispiel für ein Tiermodell in der epigenetischen Forschung ist die Untersuchung der Auswirkungen von Hunger auf Mäuse. Eine vielbeachtete Studie von *Överkalix* zeigte, dass männliche Mäuse, die in ihrer Jugend unterernährt waren, epigenetische Veränderungen an ihre Nachkommen weitergaben, die die Lebensdauer und Gesundheit dieser Nachkommen beeinflussten (Pembrey et al., 2006).

Parallel dazu gibt es eine Vielzahl von Studien, die menschliche Populationen untersuchen, um ähnliche Muster der epigenetischen Vererbung zu identifizieren. Eine der bekanntesten Studien in diesem Bereich ist die *Holländische Hungerwinter Studie*, die zur Zeit der Blockade der Niederlande im Zweiten Weltkrieg durchgeführt wurde. Individuen, die in dieser Zeit extremer Nahrungsmittelknappheit im Mutterleib waren, zeigten veränderte Methylierungsmuster in spezifischen Genen, verbunden mit gesundheitlichen Beeinträchtigungen, die mehrere Jahrzehnte anhielten (Lumey & Stein, 1997).

Aktuelle Ansätze zielen darauf ab, die spezifischen epigenetischen Marker zu identifizieren, die für die Übertragung von Umwelteinflüssen über Generationen verantwortlich sind. Genomweite Assoziationsstudien (GWAS),

Kombinierte Analyse von ChIP-Sequenzierung und Bisulfit-Sequenzierung (um die DNA-Methylierung zu erfassen) sind nur einige der fortschrittlichen Technologien, die zur Entschlüsselung der komplexen Zusammenhänge eingesetzt werden.

Die Verwendung von Tiermodellen hat den praktischen Vorteil, dass sie mehrjährige, manchmal sogar mehrgenerationenübergreifende Studien ermöglichen, was essenziell ist, um Veränderungen über einen längeren Zeitraum zu beobachten. Modellorganismen wie Mäuse, Ratten und Fliegen bieten ein vielseitiges Laborumfeld, das es ermöglicht, mutagene Ereignisse oder spezifische Umweltbedingungen in genau definierten Zeitfenstern zu kontrollieren und die daraus resultierenden epigenetischen Veränderungen präzise zu analysieren.

Ein weiteres Schlüsselelement in der transgenerationalen Epigenetik ist das Verständnis für die Schonfrist, innerhalb derer epigenetische Modifikationen besonders anfällig sind, sich auf den Nachwuchs auszuwirken. Diese Perioden sind oft mit kritischen Entwicklungsphasen in der embryonalen und frühkindlichen Entwicklung verbunden, in denen die epigenetische Prägung durch Umweltreize stark beeinflusst wird. Für Forscher besteht eine Herausforderung darin, die identifizierten epigenetischen Muster rückzuverfolgen, um den exakten Zeitpunkt und die Auswirkungen der Umwelteinflüsse zu ermitteln.

Studien an Menschen können ergänzende Erkenntnisse liefern, indem sie epidemiologische Daten analysieren und retrospektive Analysen mit epigenetischen Profilen einzelner Familienlinien verknüpfen. Diese Untersuchungen sind komplizierter zu interpretieren, weil menschliche Populationen eine höhere genetische und umweltbedingte Varianz aufweisen, dennoch bieten sie wertvolle Einblicke in die Auswirkungen der Erlebnisse vergangener Generationen auf heutige Individuen.

Zusammenfassend lässt sich sagen, dass transgenerationale epigenetische Studien eine bedeutende Perspektive auf die Erbschaft von Eigenschaften bieten, die durch Umwelteinflüsse bedingt sind. Die Kombination aus Tiermodellen und menschlichen Studien stellt sicher, dass Ergebnisse nicht nur im experimentellen Labormaßstab verstanden, sondern auch auf reale menschliche Kontexte übertragen werden können. Kontinuierliche Fortschritte in Techniken der genetischen und epigenetischen Analyse werden in Zukunft sicherlich noch tiefere Einsichten in die verborgenen Verbindungen zwischen Vergangenheit und Gegenwart ermöglichen.

Der Einsatz von CRISPR/Cas9 zur Modifikation epigenetischer Marker

Der technologische Fortschritt der letzten Jahrzehnte hat die Art und Weise, wie wir Genom- und Epigenom-Analysen durchführen, revolutioniert. Eine der revolutionärsten Entwicklungen in der Biotechnologie ist die sogenannte CRISPR/Cas9-Technologie. Ursprünglich als präzises Werkzeug zur Genom-Editierung bekannt, wird CRISPR/Cas9 zunehmend in der Epigenetik eingesetzt, speziell zur Modifikation epigenetischer Marker. Doch was genau macht diese Technologie so revolutionär im Kontext der Epigenetik, und welche praktischen Anwendungen ermöglicht sie in der Ahnen-Epigentik?

CRISPR, kurz für "Clustered Regularly Interspaced Short Palindromic Repeats", und Cas9, ein CRISPR-assoziiertes Protein, bilden gemeinsam ein molekulares Werkzeug, das es Forschern ermöglicht, DNA sehr präzise zu verändern. Während traditionelle Gen-Editierungs-Techniken oft ungenau und zeitaufwendig sind, bietet CRISPR/Cas9 eine bislang unerreichte Präzision und Effizienz. Ein wesentlicher Vorteil dieser Technologie ist ihre Fähigkeit, gezielt bestimmte DNA-Sequenzen zu beeinflussen, was ideal für die Bearbeitung epigenetischer Marker ist.

Ein Beispiel für die Anwendung von CRISPR/Cas9 in der Epigenetik ist die gezielte Änderung von DNA-Methylierungsmustern, einem der zentralen Mechanismen der epigenetischen Regulation. Durch das Anfügen oder Entfernen von Methylgruppen an spezifischen DNA-Basen kann CRISPR/Cas9 die Aktivität von Genen modulieren, ohne die darunterliegende DNA-Sequenz zu verändern. Dies ist besonders relevant in der Forschung zu transgenerationalen epigenetischen Vererbungen, wo es darum geht zu verstehen, wie Umwelteinflüsse und Lebensstilfaktoren die Epigenetik beeinflussen und möglicherweise über Generationen hinweg weitergegeben werden.

Ein zukunftsweisendes Anwendungsgebiet von CRISPR/Cas9 in der Ahnen-Epigentik liegt in der Funktionalität der 'epigenetischen Interferenz' (Epi-Interference). Hierbei wird eine modifizierte Form von Cas9, die als 'tote' Cas9 (dCas9) bekannt ist, verwendet, um gezielt epigenetische Modifikatoren an ausgewählte Genbereiche zu binden. Diese Technik ermöglicht die spezifische Modulation epigenetischer Zustände und kann dazu genutzt werden, epigenetische Veränderungen, die mit bestimmten umweltbedingten Einflüssen (wie Stress oder Ernährung) in Zusammenhang stehen, zu simulieren oder zu korrigieren.

In Verbindung mit fortgeschrittenen Datenanalyse-Techniken und bioinformatischen Werkzeugen kann CRISPR/Cas9 unser Verständnis der Vererbung epigenetischer Muster erheblich erweitern. Es bietet die Möglichkeit, nicht nur bereits existierende epigenetische Marker zu studieren, sondern auch hypothetische Szenarien, wie sie durch echte oder simulierte Umweltveränderungen entstehen könnten. Diese Eingriffe eröffnen neue Perspektiven für personalisierte Medizinansätze, in denen maßgeschneiderte epigenetische Modifikationen zur Prävention oder Therapie von Krankheiten in Betracht gezogen werden könnten.

Jedoch bleibt der Einsatz von CRISPR/Cas9 nicht ohne ethische Bedenken. Die Manipulation von Epigenomen, insbesondere in menschlichen Keimbahnen, wirft komplexe Fragen hinsichtlich der langfristigen Konsequenzen und der potenziellen Unvorhersehbarkeit solcher Veränderungen auf. Die genauen Auswirkungen solcher Eingriffe auf die nächste Generation sind noch nicht umfassend verstanden. Daher ist es unabdingbar, rigorose ethische Leitlinien zu etablieren, die sowohl Forschung als auch mögliche therapeutische Anwendungen regeln.

Zusammenfassend bietet CRISPR/Cas9 einen vielversprechenden Ansatz zur Erforschung der Ahnen-Epigentik, indem es den direkten Umgang mit epigenetischen Markern ermöglicht. Diese Technik stellt nicht nur ein mächtiges Instrument zur Klärung der Rolle von Epigenomen in evolutionären und transgenerationalen Kontexten dar, sondern könnte zukünftig auch eine Schlüsseltechnologie für die Verbesserung der menschlichen Gesundheit werden. Dennoch bleibt eine fortlaufende Diskussion über die ethischen, sozialen und gesundheitlichen Implikationen unverzichtbar, um den verantwortungsvollen Einsatz dieser bahnbrechenden Technologie sicherzustellen.

Referenzen: Um die Ausführungen in diesem Kapitel weiter zu stützen, sind Arbeiten von Zhang et al. (2016), die den

Einsatz von CRISPR/Cas9 in der epigenetischen Modifikation maßgeblich vorangetrieben haben, sowie Studien von Lander (2015) empfehlenswert, die sich mit den ethischen Implikationen der Genom-Editierung eingehend beschäftigen.

Bioinformatische Werkzeuge und Datenbanken zur Analyse epigenetischer Landschaften

In den letzten Jahren haben bioinformatische Werkzeuge und Datenbanken einen revolutionären Einfluss auf die Untersuchung epigenetischer Landschaften ausgeübt. Diese Technologien bieten Forschern die Möglichkeit, riesige Mengen an epigenetischen Daten systematisch zu analysieren, um neue Einsichten zu gewinnen und Hypothesen zu testen. In diesem Unterkapitel beleuchten wir die wichtigsten bioinformatischen Werkzeuge und Datenbanken, die gegenwärtig zur Analyse epigenetischer Landschaften eingesetzt werden, und ergründen deren Bedeutung für das Verständnis unserer genetischen und epigenetischen Vergangenheit.

Ein zentraler Bestandteil der bioinformatischen Analyse ist die Fähigkeit, datenintensive Aufgaben durchzuführen, die zur Kartierung epigenetischer Veränderungen notwendig sind. Frühere Studien, wie jene von Lister et al. (2009), haben gezeigt, dass die umfassende Kartierung des Humanen Epigenoms eine essenzielle Grundlage für das Verständnis von Krankheitsmechanismen bildet. Aus diesem Grund sind bioinformatische Tools von unschätzbarem Wert, um Muster der DNA-Methylierung und Histonmodifikationen im gesamten Genom zu analysieren.

Eines dieser Werkzeuge ist das softwarebasierte *Genome Browser*, das visuell ansprechende Möglichkeiten zur Darstellung komplexer epigenetischer Daten bietet. Bemerkenswerte Projekte wie das von UCSC (University of California Santa Cruz) bereitgestellte *Genome Browser* haben eine Bibliothek epigenetischer Daten erstellt, die zugänglich und umfassend anpassbar sind. Es erlaubt Nutzern, spezifische epigenetische Markierer in verschiedenen Gewebearten zu vergleichen und zu studieren, indem auf DNA-Methylierungsmuster und Histonmodifikationen in verschiedenen Organismen zugegriffen wird.

Ein weiteres unverzichtbares bioinformatisches Werkzeug ist das *ChIP-seq* Datenbankaufbereitungs- und Analyse-Toolkit. Es wird genutzt, um große Datensätze aus Chromatin-Immunpräzipitation gefolgt von Sequenzierung zu verarbeiten und zu analysieren. Diese Technologie erlaubt es Forschern, Bindungsstellen von Proteinen im gesamten Genom zu kartieren und die Assoziationen von Histonmodifikationen mit funktionalen genomischen Elementen zu studieren.

Bioconductor ist eine Open-Source Software für statistische Analyse und grafische Visualisierung von genomischen Daten, die eine Vielzahl an Paketen bereithält, um epigenetische Daten zu interpretieren. Seine Flexibilität und die Fähigkeit, auf komplexe Datensätze zuzugreifen, machen es zu einem begehrten Werkzeug für Bioinformatiker, die auf der Suche nach spezifischen epigenetischen Signaturen und deren biologischer Relevanz sind.

Weiterhin sind spezialisierte Datenbanken wie das **Roadmap Epigenomics Project** von großer Bedeutung. Diese immens umfangreiche Ressource bietet detaillierte Karten der humanen epigenetischen Landschaft über eine Vielzahl von Zelltypen und Geweben hinweg. Die Daten aus diesem Projekt ermöglichen es Forschern, epigenetische Unterschiede zu explorieren und deren Einfluss auf Krankheiten zu untersuchen.

Das *ENCODE-Projekt* (Encyclopedia of DNA Elements) hat beträchtlich zu unserem Verständnis der regulatorischen Elemente des Genoms beigetragen. Mit der Fokussierung auf die funktionellen Elemente des Genoms, einschließlich nicht-kodierender RNA und DNA-Regions-spezifischer Methylierung, bietet es umfangreiche Datensammlungen, die über verschiedene Zelltypen und Bedingungen hinweg zugänglich sind und die zunehmende Komplexität der epigenetischen Regulation dekonstruieren.

Abschließend lässt sich sagen, dass der Einsatz bioinforma-tischer Werkzeuge und Datenbanken unerlässlich für das tiefere Verständnis epigenetischer Mechanismen ist. Während die Verfügbarkeit dieser Ressourcen enorm weiter gewachsen ist und die Integration in die Forschungspraxis erleichtert wird, bleibt es essenziell für Forscher, die geeigneten Methoden sorgfältig auszuwählen. Diese Technologien tragen nicht nur zur Beantwortung grundlegender Fragen der Epigenetik bei, sondern öffnen auch die Türen zu neuen Fragestellungen über die Vererbung epigenetischer Markierungen über Generationen hinweg.

Quellen:
Lister, R., et al. (2009). Human DNA methylomes at base resolution show widespread epigenomic differences. *Nature*.

UCSC Genome Browser - https://genome.ucsc.edu/

Roadmap Epigenomics Project - http://www.roadmapepigenomics.org/

ENCODE Project - https://www.encodeproject.org/

Ethik der epigenetischen Forschung und Implikationen für die Nachfahren

Die Erforschung der epigenetischen Merkmale, die von unseren Ahnen auf uns vererbt werden und wie diese unser heutiges Leben beeinflussen, ist ein spannendes und komplexes Feld der Wissenschaft. Trotz ihrer faszinierenden

Möglichkeiten steht die Ahnen-Epigenetik vor wesentlichen ethischen Herausforderungen und wirft wichtige Fragen auf, die weitreichende Implikationen für die Nachkommen haben.

Epigenetische Informationen, die durch Prozesse wie DNA-Methylierung, Histonmodifikation und nicht-kodierende RNA vermittelt werden, sind über Generationen hinweg potenziell veränderbar. Sie bieten einen Mechanismus, durch den ökologische und soziale Bedingungen unserer Vorfahren weiterhin Einfluss auf gegenwärtige und zukünftige Generationen ausüben können. Diese Vererbung von Umweltreaktionen stellt die traditionelle Genetik in Frage und fordert eine Neubetrachtung der Vererbungsgesetze. In dieser spannenden Neuausrichtung der Wissenschaft sind ethische Überlegungen von zentraler Bedeutung, um sicherzustellen, dass diese Forschung verantwortungsbewusst und mit Respekt vor den Individuen und ihren Gemeinschaften durchgeführt wird.

Ein zentrales ethisches Thema betrifft das Potenzial der Diskriminierung aufgrund von epigenetischen Informationen. Da diese Forschung sensible gesundheitliche und umweltbedingte Informationen über Einzelpersonen und möglicherweise ganze Familienlinien aufdecken kann, ist der Schutz von Privatsphäre und der Vermeidung von Stigmatisierung entscheidend. „Die Möglichkeit, dass epigenetische Daten den Zugang zu Versicherungen oder

Arbeitsplätzen beeinflussen könnten, ist real", wie Johnson et al. (2022) in ihrer Untersuchung über genetische Diskriminierung und ethische Richtlinien feststellen.

Weiterhin wirft die Einwilligung im Kontext der epigenetischen Forschung besondere Herausforderungen auf. Während genetische Studien in der Regel auf der informierten Zustimmung des Einzelnen beruhen, könnte die epigenetische Forschung auch Informationen über nicht an der Studie beteiligte Familienmitglieder offenlegen. Dies zwingt Forscher, sorgfältig abzuwägen, wie sie Transparenz und Einwilligung im Erfassungsprozess gestalten, um den Respekt gegenüber den Betroffenen zu wahren.

Zusätzlich könnte die epigenetische Forschung neue Perspektiven auf Verantwortlichkeiten zwischen den Generationen eröffnen. Die Möglichkeit, dass unsere heutigen Lebensstile und Umweltentscheidungen die Gesundheit zukünftiger Generationen beeinflussen könnten, wirft Fragen zur Verantwortung auf, die weit über die derzeit lebende Generation hinausreichen. Die Arbeiten von Coles und Thomas (2021) heben hervor, dass solche Verantwortlichkeiten als Katalysatoren für nachhaltigere Umwelt- und Gesundheitspraktiken dienen könnten.

Weiterhin bietet die epigenetische Forschung auch eine Möglichkeit zur Versöhnung und Heilung vergangener Ungerechtigkeiten. Historisch benachteiligte Gruppen könnten durch die Offenbarung epigenetischer Imprints, die durch Vorfahren hervorgebracht wurden, Anerkennung und potenziell Entschädigungen erhalten. Dies muss jedoch mit größter Sorgfalt und in Absprache mit den betroffenen Gemeinschaften geschehen, um Neues Unrecht und Spaltungen in der Gesellschaft zu vermeiden.

Zu den praktischen Implikationen gehört auch der verantwortungsvolle Umgang mit den Forschungsergebnissen. Wie die Forschungsergebnisse kommuniziert werden und wer Zugriff darauf hat, sind entscheidende Fragen, um die Möglichkeiten dieser Wissenschaft für die breitere Öffentlichkeit nutzbar zu machen, ohne Risiken für die psychische und soziale Integrität der Betroffenen zu schaffen.

In Anbetracht dieser Überlegungen ist es unerlässlich, Rahmenbedingungen und ethische Leitlinien zu entwickeln, die eine verantwortungsbewusste Anwendung der Ahnen-Epigenetik garantieren. Dies inkludiert die Zusammenarbeit mit ethischen Komitees und die Berücksichtigung der Perspektiven von Geistes- und Sozialwissenschaften, um der Komplexität des menschlichen Lebens gerecht zu werden. Die Entstehung solcher integralen Ansätze kann ein tieferes Bewusstsein für die Verantwortung gegenüber unseren Nachfahren schaffen und gleichzeitig die Chancen eröffnen, die in dieser faszinierenden Wissenschaft verborgen sind.

Die Ahnen-Epigenetik steht somit an der Schwelle zu einem neuen Verständnis unseres genetischen Erbes. Durch ethisch geführte Forschung können wir nicht nur die Vergangenheit aufdecken, sondern auch eine Brücke in eine zukünftig gerechtere und gesündere Gesellschaft für alle Generationen schlagen.

Betrachtung von Umweltfaktoren und ihrem Einfluss auf die Epigenetik der Nachkommen

Die Beziehung zwischen Umweltfaktoren und der epigenetischen Vererbung ist ein komplexes und faszinierendes Thema, das Wissenschaftler seit Jahrzehnten beschäftigt. Während die genetische Vererbung durch die unveränderliche Sequenz der DNA definiert ist, können epigenetische Informationen durch äußere Einflüsse und Erfahrungen modifiziert werden. Diese Modifikationen können sich teilweise über mehrere Generationen erstrecken, was den Einfluss der Umwelt auf die epigenetische Prägung der Nachkommen noch bedeutsamer macht.

Ein grundlegender Aspekt der Erforschung von Umweltfaktoren ist das Verständnis ihrer Fähigkeit, epigenetische Mechanismen wie DNA-Methylierung, Histonmodifikationen und Veränderungen der nicht-kodierenden RNA zu beeinflussen. Diese Mechanismen agieren als "epigenetische Schalter", die Gene aktivieren oder deaktivieren können, je nach den spezifischen Umweltreizen, denen ein

Individuum ausgesetzt ist. Eine Vielzahl von Studien haben gezeigt, dass Faktoren wie Ernährung, Stress, Exposition gegenüber Umweltgiften und sogar psychosoziale Bedingungen tiefgreifende Auswirkungen auf diese epigenetischen Mechanismen haben können.

Eines der am häufigsten untersuchten Umweltfaktoren im Bereich der Epigenetik ist die Ernährung. Studien zu Hungersnöten, wie etwa die "Dutch Hunger Winter Study", haben gezeigt, dass Mangelernährung während kritischer Phasen der Schwangerschaft epigenetische Veränderungen beim Fötus hervorrufen kann, die das Krankheitsrisiko in späteren Lebensabschnitten beeinflussen. Laut einer Untersuchung von Heijmans et al. (2008) haben Personen, deren Mütter während des "Dutch Hunger Winter" einer schweren Unterernährung ausgesetzt waren, spezifische Methylierungsmuster in ihren Genen, die mit einem erhöhten Risiko für metabolische Erkrankungen assoziiert sind.

Wenig beachtet, aber von wachsendem Interesse, sind die Auswirkungen psychologischer Belastungen auf die Epigenetik. Es wurde gezeigt, dass traumatische Erfahrungen Veränderungen im Methylierungsmuster von Stress-assoziierten Genen hervorrufen können. Eine bahnbrechende Studie von Yehuda et al. (2016) zeigte, dass Kinder von Holocaust-Überlebenden ähnliche epigenetische Altersveränderungen zeigten, die vermutlich durch die epigenetische Übertragung von Stressreaktionen entstanden sind. Diese

Studien betonen die Rolle von Umweltfaktoren, die weit über physische Elemente hinausgehen und auch psychische und soziale Faktoren mit einbeziehen.

Ein weiteres bedeutendes Forschungsthema ist die Untersuchung der Auswirkungen von Umweltgiften, wie Schwermetallen und industriellen Chemikalien, auf die epigenetische Vererbung. Zum Beispiel wurde die Exposition gegenüber Bisphenol A (BPA), einem weit verbreiteten industriellen chemischen Stoff, mit veränderten Methylierungsmustern in Verbindung gebracht, die Entwicklung und Fortpflanzung beeinträchtigen können (vom Saal et al., 2012). Die Erkenntnisse aus solchen Forschungen machen deutlich, dass Umweltgifte nicht nur direkte gesundheitliche Risiken beinhalten, sondern auch epigenetische Signaturen hinterlassen können, die über Generationen hinweg nachwirken.

Experimentelle Modelle, insbesondere Tierstudien, spielen eine entscheidende Rolle bei der Untersuchung dieser Umweltfaktoren. Mäusestudien haben gezeigt, wie gezielte Expositionen epigenetische Veränderungen in spezifischen Genomregionen hervorrufen können, die sich auf Verhalten oder physiologische Merkmale auswirken. Solche Modelle erlauben es Forschern, kausale Zusammenhänge zu untersuchen und bieten möglicherweise wertvolle Einblicke in die Mechanismen, die in der menschlichen Epigenetik relevant sein könnten.

Zusammenfassend lässt sich sagen, dass Umweltfaktoren sowohl unmittelbare als auch langfristige epigenetische Auswirkungen auf Organismen haben können. Diese transgenerationale Epigenetik unterstreicht die Bedeutung von gesunden Lebensgewohnheiten, dem Schutz vor Umweltgiften und der Beeinflussung durch psychosoziale Faktoren. Sie zeigt auf, wie wichtig es ist, die Umweltbedingungen zu optimieren, nicht nur für das Wohlbefinden der jetzigen Generation, sondern auch für die Gesundheit künftiger Nachkommen.

Die Rolle, die Umweltfaktoren in der epigenetischen Vererbung spielen, öffnet neue Perspektiven für präventive Maßnahmen und therapeutische Ansätze, die letztlich darauf abzielen, die epigenetische Gesundheit zu verbessern und damit das Risiko für zahlreiche Erkrankungen zu verringern. In einer Welt, die zunehmend mit Umweltveränderungen konfrontiert ist, wird das Verständnis dieser komplexen Wechselwirkungen eine entscheidende Rolle spielen, um integrative Lösungsansätze für genetische Anfälligkeiten und die Gesundheit zukünftiger Generationen zu entwickeln.

Anwendung von Einzelzell-Sequenzierung für die Untersuchung epigenetischer Variationen

Die Einzelzell-Sequenzierung stellt eine wegweisende Methode dar, um epigenetische Variationen auf der Ebene einzelner Zellen zu untersuchen. Diese Technologie ermöglicht eine bisher unerreichte Auflösung, indem sie die epigenetischen Profile von Zellen innerhalb eines Gewebetyps oder sogar innerhalb eines einzelnen Individuums entschlüsselt. Im Gegensatz zu Methoden, die Durchschnittswerte über viele Zellen messen, bietet die Einzelzell-Sequenzierung Einblicke in zelluläre Heterogenität und epigenetische Plastizität.

Die Grundlagen der Einzelzell-Sequenzierung liegen in der Isolierung von Einzelzellen und der anschließenden Sequenzierung ihrer DNA oder RNA. Epigenetische Analysen zielen dabei insbesondere auf die Untersuchung von DNA-Methylierungsmustern, Histonmodifikationen und nicht-kodierenden RNAs auf Einzelzellebene. Hierfür werden fortschrittliche Technologien, wie die Einzelzell-DNA-Methylierungsanalyse oder das Einzelzell-ATAC-Seq (Assay for Transposase-Accessible Chromatin using sequencing), eingesetzt, um den Zugang zu diesen epigenetischen Markern zu ermöglichen (Smallwood et al., 2014).

Ein entscheidender Vorteil der Einzelzell-Sequenzierung ist die Fähigkeit, seltene Zellpopulationen oder Zellzustände zu identifizieren, die in Massenanalysemethoden übersehen werden könnten. Beispielsweise haben Studien zur Tumorepigenetik gezeigt, dass Krebszellen innerhalb eines Tumors ein hohes Maß an epigenetischer Diversität aufweisen, was therapeutische Herausforderungen mit sich bringt

(Rotem et al., 2015). Dies kann auch auf historische Umweltbedingungen oder auf epigenetische Erinnerungen zurückgeführt werden, die durch Ahnen-Einflüsse geprägt sind. Die Untersuchung dieser epigenetischen Diversität kann Aufschluss darüber geben, wie historische Umwelteinflüsse zu gegenwärtigen epigenetischen Zuständen beitragen.

Die technologische Umsetzung der Einzelzell-Sequenzierung erfordert jedoch sorgfältige Protokolle zur Zellisolierung und zur Minimierung von technischen Artefakten. Methoden wie die Mikrofluidik-basierte Trennung von Zellen und die Verwendung von Hochdurchsatz-Sequenzierplattformen haben wesentliche Fortschritte ermöglicht. Darüber hinaus sind bioinformatische Werkzeuge unerlässlich, um die enorme Datenmenge zu analysieren und zu interpretieren. Die Integration dieser Daten in bestehende epigenetische Datenbanken kann helfen, neue epigenetische Marker zu identifizieren und ihre potenzielle Vererbung zu untersuchen (Linnarsson & Teichmann, 2016).

Ein weiteres faszinierendes Anwendungsgebiet der Einzelzell-Sequenzierung ist die Untersuchung der transgenerationalen Weitergabe epigenetischer Informationen. Forscher können verfolgen, wie epigenetische Markierungen in Keimbahnen persistieren oder modifiziert werden und welchen Einfluss Vorfahrenbedingungen auf die epigenetische Struktur der Nachkommen haben könnten. Diese Untersuchungen liefern wertvolle Einsichten in die dynamischen

Veränderungen epigenetischer Muster über Generationen hinweg und tragen dazu bei, die Mechanismen der sogenannten „epigenetischen Vererbung" zu entschlüsseln.

Doch neben den wissenschaftlichen Herausforderungen und Chancen wirft die Einzelzell-Sequenzierung auch ethische Fragen auf. Die Fähigkeit, detaillierte epigenetische Landkarten einzelner Zellen eines Individuums zu erstellen, berührt sensibelste Bereiche des Datenschutzes und der informierten Einwilligung. Die Nutzung solcher Daten muss sorgfältig abgewogen werden, um die Privatsphäre der Individuen zu respektieren.

Insgesamt bietet die Einzelzell-Sequenzierung ein kraftvolles Werkzeug zur Vertiefung unseres Verständnisses von epigenetischen Landschaften, sowohl in Bezug auf evolutionäre als auch individuelle Entwicklungsprozesse. Sie stellt einen bedeutenden Schritt in der epigenetischen Forschung dar und eröffnet neue Perspektiven, die es ermöglichen, die feinen strukturierenden Prozesse in unserer epigenetischen Konstitution besser zu verstehen und zu interpretieren.

Literaturverzeichnis:

Smallwood, S. A., et al. (2014). Single-cell genome-wide bisulfite sequencing for assessing epigenetic heterogeneity. *Nature Methods*, 11(8), 817-820.

Rotem, A., et al. (2015). Single-cell ChIP-seq reveals cell subpopulations defined by chromatin state. *Nature Biotechnology*, 33(11), 1165-1172.

Linnarsson, S., & Teichmann, S. A. (2016). Single-cell genomics: coming of age. *Genome Biology*, 17(1), 97.

Ethische Überlegungen und zukunftsweisende Perspektiven in der Ahnen-Epigenetik

Grundprinzipien der Ethik in der Ahnen-Epigenetik

In der Ahnen-Epigenetik, einem sich rasch entwickelnden Forschungsbereich, kommen zahlreiche ethische Überlegungen ins Spiel, die nicht nur die rechtlichen Rahmenbedingungen berühren, sondern auch tief in unser persönliches und gesellschaftliches Verständnis von Identität und Vererbung eingreifen. Die Untersuchung der epigenetischen Verbindungen zwischen vergangenen und gegenwärtigen Generationen wirft grundlegende moralische Fragen auf, die sorgfältig bedacht werden müssen. Diese ethischen Grundprinzipien können als Leitlinien dienen, um den verantwortungsvollen Umgang mit epigenetischen Daten sicherzustellen und somit die positiven Potenziale der Wissenschaft zu fördern.

Ein zentrales ethisches Prinzip in der Ahnen-Epigenetik ist der Respekt vor der Autonomie des Individuums. Dies bedeutet, dass die informierte Zustimmung derjenigen Personen, deren epigenetische Daten untersucht werden, unerlässlich ist. Ein fundiertes Verständnis der Forschung und deren möglichen individuellen und sozialen Auswirkungen sollte Voraussetzung für jede Teilnahme an epigenetischen Studien sein. Der Respekt vor der Autonomie erfordert zudem, dass Probanden umfassend über den Zweck der Studie sowie die Art und Weise, wie ihre Daten verwendet werden könnten, informiert werden.

Ein weiteres essentielles Prinzip ist die Vermeidung von Schaden, auch als Nonmalefizienz bekannt. In der Praxis bedeutet dies, dass Forscher alles daran setzen müssen, das Risiko von physischen, psychologischen oder sozialen Schäden für die Teilnehmer auf ein Minimum zu reduzieren. Dies ist besonders wichtig, da epigenetische Informationen Rückschlüsse auf sensible persönliche oder familiäre Angelegenheiten ermöglichen könnten, die potenziell missbraucht werden könnten.

Die Gerechtigkeit ist ebenfalls ein fundamentaler Aspekt der ethischen Überlegungen in der Ahnen-Epigenetik. Dies umfasst die faire Verteilung der Vorteile der Forschung sowie einen gleichberechtigten Zugang zu den gewonnenen Erkenntnissen. Benachteiligte Bevölkerungsgruppen sollten nicht nur Zugang zu epigenetischen Dienstleistungen und Informationen haben, sondern auch aktiv in Forschungsprozesse einbezogen werden, um Ungleichheiten zu vermeiden.

Zusätzlich müssen Forscher das Prinzip der Vertraulichkeit in ihren ethischen Überlegungen verankern. Die in der Ahnen-Epigenetik gesammelten Daten sind oftmals hochgradig persönlich und sensibel. Ein sorgfältiger Schutz und eine verantwortungsvolle Verwaltung dieser Daten sind notwendig, um die Privatsphäre der teilnehmenden Individuen zu bewahren. Dies schließt die Sicherung der Datenspeicherung und den kontrollierten Zugang zu den Informationen ein.

Darüber hinaus spielt das Prinzip der Verantwortung der Wissenschaftler eine entscheidende Rolle. Die Forscher müssen sich ihrer besonderen Verantwortung bewusst sein, die sich aus der Interpretation und Anwendung von epigenetischen Daten ergibt. Dies erfordert eine kontinuierliche Reflexion über die ethischen Implikationen ihrer Arbeit sowie die Aufklärung und Sensibilisierung der Öffentlichkeit und politischen Akteure über die Bedeutung und Auswirkungen der Ahnen-Epigenetik.

Selbst mit einem klaren ethischen Rahmen bleibt die Anwendung von epigenetischen Forschungsergebnissen eine komplexe Herausforderung. So schreibt die Ethikerin Ruth Chadwick über genetische Forschung: "Die größte Herausforderung der Bioethik besteht darin, mit den Möglichkeiten Schritt zu halten, die durch die wissenschaftlichen Neuerungen geschaffen werden." Dies trifft in besonderem Maße auch auf die Ahnen-Epigenetik zu, wo die Entschlüsselung vergangener Einflüsse auf unser gegenwärtiges Erleben vielfältige Anwendungsmöglichkeiten eröffnet, aber auch die Notwendigkeit mit sich bringt, die ethischen Grenzen dieser Anwendungen kontinuierlich zu diskutieren.

Abschließend lässt sich festhalten, dass die ethischen Grundprinzipien der Ahnen-Epigenetik nicht nur theoretische Überlegungen sind, sondern letztlich die tägliche Praxis der Forscher leiten sollten. Sie bieten Orientierungspunkte und Handlungsempfehlungen, um die Integrität der Forschung sicherzustellen und die Interessen der Individuen und der Gesellschaft zu wahren. Indem diese Prinzipien fest in die Praxis integriert werden, kann die Ahnen-Epigenetik ihr volles Potenzial ausschöpfen und zugleich verantwortungsbewusst und nachhaltig genutzt werden.

Der Einfluss der Ahnen-Epigenetik auf gesellschaftliche Normen

In den letzten Jahrzehnten hat die Epigenetik, insbesondere im Kontext der Ahnenforschung, eine bemerkenswerte Entwicklung erlebt. Diese Wissenschaft beschäftigt sich mit den erblichen Modifikationen der Genexpression, die nicht auf Veränderungen der DNA-Sequenz selbst beruhen. Ein tiefes Verständnis für die Ahnen-Epigenetik offenbart verborgene Verbindungen zwischen Generationen und zeigt, wie historische Lebensumstände sich auf die heutige Genexpression auswirken können. Solche Studien bieten nicht nur Aufschluss über individuelle biologische Entwicklungen, sondern sie werfen auch interessante Fragen zu gesellschaftlichen Normen und ethischen Überlegungen auf.

Gesellschaftliche Normen sind die unsichtbaren, aber mächtigen Regeln, die das Verhalten und das Zusammenleben von Individuen innerhalb einer Gemeinschaft bestimmen. Diese Normen sind jedoch nicht statisch; sie entwickeln sich über die Zeit hinweg und reagieren auf neue wissenschaftliche Entdeckungen und Technologien. Die Ahnen-Epigenetik kann hier als Katalysator fungieren, indem sie neue Perspektiven auf die Interaktion zwischen Genen und Umwelt eröffnet. So könnte das verstärkte Bewusstsein über epigenetische Mechanismen und deren Wirkungsweise zu einer breiteren gesellschaftlichen Debatte über Vererbung und Eigenverantwortung führen.

Ein entscheidender Aspekt, der durch die Ahnen-Epigenetik beleuchtet wird, ist die Überwindung der klassischen Nature-Nurture-Dichotomie. Die englische Biologin Emma Whitelaw (2006) beschreibt die Epigenetik treffend als "die Summe jener Mechanismen, die festlegen, welche Gene wann, wo und wie stark exprimiert werden". Durch das Verständnis der epigenetischen Steuerung können wir erkennen, dass sowohl vererbte genetische als auch durch Umwelteinflüsse erworbene Faktoren in einem komplexen Netzwerk interagieren. Damit könnte eine Neubewertung alter Debatten stattfinden, wie die Vorstellung, dass bestimmte menschliche Eigenschaften und Verhaltensweisen alleine auf angeborenen Prädispositionen beruhen.

Die gesellschaftlichen Implikationen dieser Erkenntnisse sind weitreichend. Ein Beispiel dafür ist der Wandel in der Sicht auf soziale Probleme, die historisch oft als rein umweltbedingt eingestuft wurden. Die Ahnen-Epigenetik zeigt, dass etwa Stressfaktoren, die von Vorfahren erlebt wurden, auf molekularer Ebene fortbestehen und künftige Generationen beeinflussen können. Diese Erkenntnis unterstreicht die Notwendigkeit, sozialpolitische Maßnahmen zu überdenken, die individuelle und kollektive Verantwortung für gesundheitliche und soziale Herausforderungen klarer definieren.

Ein weiteres Thema ist die potenzielle Gefahr der Epigenetik, bestehende soziale Ungleichheiten zu verfestigen. Ein unverantwortlicher Umgang mit epigenetischen Informationen könnte zu einem „epigenetischen Determinismus" führen, bei dem Menschen aufgrund ihrer epigenetischen Markierungen kategorisiert oder gar stigmatisiert werden. Dies wirft zentrale ethische Fragen auf, die weit über die Wissenschaft hinausreichen.

Viele ethische Debatten drehen sich um das Thema der informierten Zustimmung und die Verwendung von epigenetischen Daten. In einer zunehmend datengesteuerten Welt ist der Schutz der Privatsphäre von Individuen wichtiger denn je. Hier stehen Forscher und politische Entscheidungsträger vor der Herausforderung, einen angemessenen

Rahmen für den sicheren Umgang mit sensiblen genetischen und epigenetischen Daten zu schaffen. Es muss sichergestellt sein, dass die erhobenen Daten keinen unethischen oder diskriminierenden Praktiken Vorschub leisten.

Ein langfristiges Ziel sollte es sein, die Ahnen-Epigenetik so zu nutzen, dass sie zur Schaffung einer gerechteren und aufgeklärten Gesellschaft beiträgt. Öffentliche Bildung und Bewusstseinsbildung sind notwendig, um Missverständnisse und Ängste abzubauen. Interdisziplinäre Zusammenarbeit – von Biologen und Genetikern bis hin zu Sozialwissenschaftlern und Ethikern – ist unerlässlich, um eine ganzheitliche Sicht auf die epigenetischen Verknüpfungen zwischen Vergangenheit und Gegenwart zu entwickeln.

Zusammenfassend lässt sich sagen, dass die Ahnen-Epigenetik weitreichende Auswirkungen auf gesellschaftliche Normen haben könnte. Sie bietet die Chance, tief verwurzelte Vorstellungen von Genetik und Umwelt in Frage zu stellen, eröffnet aber auch neue ethische Diskussionsfelder, deren sorgfältige Betrachtung für die verantwortungsvolle Integration dieser Erkenntnisse in die Gesellschaft unerlässlich ist. In den Worten des bekannten Epigenetikers Adrian Bird (2007): „Das Versprechen der Epigenetik ist, dass wir beginnen, die Bücher unserer Geschichte zu lesen." Es liegt an uns, sicherzustellen, dass diese Geschichten mit Verständnis und Respekt behandelt werden.

Privatsphäre und Datenmanagement in der ahnengenetischen Forschung

In der sich rasant entwickelnden Welt der ahnengenetischen Forschung, in der die Verbindungen zwischen genetischen Markern und Umwelteinflüssen untersucht werden, rückt das Thema Privatsphäre und Datenmanagement in den Vordergrund. Die tiefgreifenden Einblicke, die ahnengenetische Datensätze in das persönliche und familiäre Erbe bieten, erfordern eine sorgfältige Abwägung ethischer und praktischer Überlegungen, um den Schutz individueller Rechte sicherzustellen.

Ahnengenetische Forschung stellt eine beeindruckende Vielzahl an Informationen bereit, da sie Erkenntnisse über die genetischen und epigenetischen Merkmale von Individuen und deren Vorfahren liefert. Dabei stellt sich die Frage nach der Handhabung und dem Schutz dieser sensiblen Daten aufklärungsbedürftig dar. Während die wissenschaftlichen Fortschritte in diesem Bereich unbestreitbar bedeutend sind, ist die Unantastbarkeit individueller Privatsphäre ein Grundrecht, das auch in der Forschung respektiert und geschützt werden muss. Als erstes Augenmerk müssen wir die Bedeutung der informierten Einwilligung, ein zentraler Prinzip der Bioethik, beleuchten.

Informierte Einwilligung bedeutet, dass Studienteilnehmer umfassend über Art, Umfang und Zweck der Forschung aufgeklärt werden müssen. Sie soll sicherstellen, dass Teilnehmer wissentlich und freiwillig zustimmen, ihre Daten für wissenschaftliche Zwecke preiszugeben. Dazu gehört auch, dass sie über potenzielle Risiken und ihre Rechte, etwa zum Widerruf ihrer Einwilligung, informiert werden. Studien wie die von McGuire et al. (2012) zeigen, dass Transparenz und Klarheit entscheidend sind, um Vertrauen zwischen Forschern und Teilnehmern zu fördern.

Ein weiterer zentraler Aspekt in der Diskussion um Privatsphäre ist die Anonymisierung und De-Identifikation der gesammelten Daten. Die Herausgabe von Informationen über epigenetische Muster, die in Verbindung mit bestimmten familiären oder ethischen Hintergrund stehen können, birgt das Risiko, Individuen ohne deren Einverständnis offen zu legen. Effektive Maßnahmen zur De-Identifikation müssen daher unerlässlich sein, um das Vertrauen in die Forschung zu bewahren.

Genauso wichtig wie die Anonymisierung ist die Betrachtung der Datenspeicherung und des Zugangs. Die Frage, wer Zugang zu den Daten hat und zu welchem Zweck, muss klar geregelt sein. Traditionell wurden genetische Daten in großen biomedizinischen Datenbanken zentral gespeichert, wie sie etwa durch das "Human Genome Project" bekannt sind. In der ahnengenetischen Forschung müssen jedoch spezielle Bedingungen geschaffen werden, die den Zugang zu sensiblen epigenetischen Informationen streng regulieren und Einsichtnahme nur auf Basis von berechtigtem Interesse und Vertrauen gewähren. Zudem sollten Datenhandlungskonzepte regelmäßig überarbeitet und je nach technologischem Fortschritt angepasst werden, um den höchsten Sicherheitsstandards zu entsprechen.

In Anbetracht der fortschreitenden Digitalisierung und Cloud-basierten Speicherung ergeben sich zudem neue Herausforderungen in der Cybersicherheit. Hackerangriffe und Datenlecks stellen reale Bedrohungen für die Privatsphäre der Teilnehmer dar. Daher müssen umfassende Sicherheitsvorkehrungen wie Verschlüsselung und sichere Authentifizierungsverfahren implementiert werden, um unbefugten Zugriff zu verhindern.

Zusätzlich ist es dringend erforderlich, dass rechtliche Rahmenbedingungen die Ansprüche der Privatsphäre im Kontext der ahnengenetischen Forschung sicherstellen. Diese Regelungen müssen dynamisch sein und sowohl nationale Besonderheiten als auch internationale Standards und Vorschriften berücksichtigen. Global agierende Institutionen zum Schutz der Privatsphäre wie die General Data Protection Regulation (GDPR) der Europäischen Union bieten dabei ein Fundament, auf dem länderspezifische Normen aufbauen können.

Schließlich hat auch der Bildungsauftrag eine nicht zu vernachlässigende Rolle. Es ist entscheidend, dass sowohl Forscher als auch die breite Öffentlichkeit über die Bedeutung und die notwendigen Maßnahmen zum Schutz der Privatsphäre in der anhangenetischen Forschung informiert und sensibilisiert werden. Nur so lässt sich erreichen, dass die Bewahrung der Privatsphäre als integraler Bestandteil der Forschung wahrgenommen und respektiert wird.

Zusammenfassend müssen sich Forscher und Entscheidungsträger der Balance zwischen wissenschaftlichem Fortschritt und dem Schutz persönlicher Daten bewusst sein. Die Herausforderung liegt darin, Wege zu finden, die allen Parteien dienen: den Forschern, die an innovativen wissenschaftlichen Durchbrüchen arbeiten; den Studienteilnehmern, deren Privatsphäre und Vertrauen geschützt werden müssen; und letztlich der Gesellschaft, die von den gewonnenen Erkenntnissen profitiert.

Ethische Herausforderungen bei der Anwendung von epigenetischen Erkenntnissen

Die Anwendung epigenetischer Erkenntnisse im Kontext der Ahnenforschung wirft vielfältige ethische Herausforderungen auf, die sowohl die individuelle als auch die kollektive Ebene betreffen. Der Fortschritt in der Epigenetik bietet zweifellos faszinierende Möglichkeiten zur Entschlüsselung der Auswirkungen vergangener Generationen auf unsere gegenwärtige psychische und physische Gesundheit. Diese Entwicklungen bringen jedoch auch die Notwendigkeit mit sich, sorgfältig über die ethischen Implikationen nachzudenken und sie in den Mittelpunkt der wissenschaftlichen Bemühungen zu stellen.

1. Individuelle Autonomie und informierte Einwilligung

Ein zentrales ethisches Anliegen ist die Wahrung der individuellen Autonomie. Wenn epigenetische Erkenntnisse verwendet werden, um persönliche oder familiäre Gesundheitsinformationen aufzudecken, ist sicherzustellen, dass alle Beteiligten umfassend informiert sind und freiwillig einwilligen. Die Herausforderung besteht darin, sicherzustellen, dass die Komplexität der epigenetischen Daten und deren potenzielle Auswirkungen auf die Gesundheit verständlich kommuniziert werden. Die informierte Einwilligung muss in einem kontinuierlichen Dialog mit den Teilnehmern gewahrt und angepasst werden, um die fortschreitende Natur der Forschung zu berücksichtigen.

2. Diskriminierungsrisiken

Die Möglichkeit der Diskriminierung aufgrund genetischer oder epigenetischer Informationen ist eine ernstzunehmende Sorge. Menschen könnten aufgrund von epigenetischen Markern als besonders anfällig für bestimmte Krankheiten betrachtet und daher gegenüber anderen bevorzugt oder benachteiligt werden. Diese potenziellen Risiken verstärken die Anforderungen an den Datenschutz und die anonymisierte Verarbeitung von epigenetischen Daten, um Missbrauch und Ungleichheiten zu verhindern.

3. Familiale und kulturelle Implikationen

Epigenetische Befunde können tiefgreifende Auswirkungen auf familiäre Beziehungen haben. Erkenntnisse über potenziell vererbte epigenetische Veränderungen können dazu führen, dass bestehende familiäre Dynamiken hinterfragt werden. Es besteht die Gefahr, dass familiäre Spannungen durch Schuld- oder Verantwortungszuweisungen verstärkt werden. Darüber hinaus können kulturelle Normen und Werte durch neue wissenschaftliche Ansichten in Frage gestellt werden, was weiteres Konfliktpotenzial birgt.

4. Verantwortung der Wissenschaft

Wissenschaftler tragen die Verantwortung, ihre Forschung so zu gestalten, dass ethische und soziale Implikationen sorgfältig berücksichtigt werden. Dies bedeutet, interdisziplinäre Ethikkommissionen frühzeitig in den Forschungsprozess einzubeziehen und Richtlinien zu entwickeln, die den Schutz der Belange aller Beteiligten gewährleisten. Eine transparente Kommunikation und die aktive Vermittlung der eigenen Forschungsergebnisse an die Öffentlichkeit sind entscheidend, um Missverständnisse zu vermeiden und das Vertrauen in die Wissenschaft zu stärken.

5. Gesetzliche Rahmenbedingungen

Der rechtliche Rahmen zur Regulierung der Erforschung und Nutzung epigenetischer Daten ist noch nicht vollständig entwickelt. Es ist unerlässlich, dass gesetzliche Richtlinien mit dem raschen Fortschritt der Wissenschaft Schritt halten, um den Schutz der individuellen Rechte zu gewährleisten und ethische Standards zu festigen. Dies bedeutet auch, internationale Zusammenarbeit zu fördern, da epigenetische Forschung global stattfindet und transnationale Konsequenzen haben kann.

Letztendlich steht die Ahnen-Epigenetik an einem Scheideweg, an dem sie sowohl immense Vorteile als auch potenzielle Risiken birgt. Die Auseinandersetzung mit den ethischen Herausforderungen erfordert einen bewussten, reflektierten und integrativen Ansatz, der sowohl die Vergangenheit respektiert als auch verantwortungsvoll auf die Zukunft ausgerichtet ist.

Mögliche soziale Implikationen der Ahnen-Epigenetik

Ahnen-Epigenetik, die Untersuchung der erblichen Veränderungen in der Genexpression, die nicht auf Veränderungen der DNA-Sequenz zurückzuführen sind, wirft eine Vielzahl von sozialen Implikationen auf. Die Wissenschaft hat lange darüber nachgedacht, wie Umwelteinflüsse traumatische Erlebnisse und Lebensstile unserer Vorfahren beeinflussen könnten und sich möglicherweise auf nachfolgende Generationen auswirken. Diese Wissenschaft bietet nicht nur faszinierende Einblicke in die Ursprünge von Krankheiten und Verhalten, sondern auch in die komplexen sozialen Strukturen und Dynamiken unserer Gesellschaft.

Eine der offensichtlichsten sozialen Implikationen der Ahnen-Epigenetik besteht darin, dass sich gesellschaftliche Ansichten über Verantwortung und Schuld verschieben könnten. Traditionell wurden viele gesundheitliche Probleme oder Verhaltensweisen als Folge persönlicher Entscheidungen oder individueller genetischer Prädispositionen betrachtet. Doch was, wenn unsere "Erbsünde" nicht in unseren Genen, sondern in den epigenetischen Markierungen liegt, die unsere Vorfahren uns hinterlassen haben? Dieses Wissen könnte soziale Vorurteile und Diskriminierungen auf der Grundlage von Gesundheit und Verhalten reduzieren, indem es eine neue Ebene des Verständnisses bietet.

Ein weiteres bedeutendes Thema ist das Potenzial der Ahnen-Epigenetik, zur Verständigung zwischen verschiedenen sozialen Gruppen beizutragen. Indem sie zeigt, dass nachfolgende Generationen durch kollektive Erlebnisse - wie Hungersnöte oder Migration - gleichermaßen geprägt werden, fördert die Ahnen-Epigenetik Empathie und Verständnis für historisch bedingte Unterschiede in Gesundheit und Sozialverhalten. Forscher wie Dr. Rachel Yehuda haben bewiesen, dass die Kinder von Holocaust-Überlebenden Veränderungen in epigenetischen Markern zeigen, was weitreichende Auswirkungen auf das Verständnis von Trauma innerhalb der Soziologie bietet. Solche Erkenntnisse könnten soziale Identitäten stärken und historische Feindseligkeiten lindern.

Die Frage der Privatsphäre und der potenziellen Stigmatisierung darf ebenfalls nicht außer Acht gelassen werden. Der Zugang zu persönlichen und familiären epigenetischen Informationen könnte Missbrauchsmöglichkeiten fördern, insbesondere durch Versicherungsunternehmen oder Arbeitgeber. Bestehende Schutzmechanismen, die für genetische Informationen entwickelt wurden, müssen möglicherweise ausgeweitet werden, um diese neuen Erkenntnisse zu umfassen und so Diskriminierung zu vermeiden und ethische Standards aufrechtzuerhalten.

Darüber hinaus wird die Ahnen-Epigenetik wahrscheinlich große Auswirkungen auf die Gesundheitsberatung und Prävention mit sich bringen. Wenn Kliniker in der Lage sind, epigenetische Daten in ihre Praxis zu integrieren, könnten sie vermehrt personalisierte Ratschläge anhand der Erfahrungen und Lebensweisen von Vorfahren anbieten. Dies würde die Bedeutung von Präventivmaßnahmen erneut unterstreichen, aber auch sozialpolitische Debatten um soziale Ungleichheiten in der Gesundheitsversorgung verstärken.

Es ist unvermeidlich, dass die Ahnen-Epigenetik auch die Bildung und die Verbreitung wissenschaftlichen Wissens beeinflussen wird. Damit die Menschen von den Erkenntnissen der Ahnen-Epigenetik profitieren, müssen Bildungssysteme angepasst werden, um diese Konzepte deutlich zu kommunizieren. Dies geht über die bloße Kenntnis genetischer Informationen hinaus und stellt eine Herausforderung für das Verständnis der Menschen für ihre eigene Identität und Gesundheit dar. Förderung von Aufklärungskampagnen und wissenschaftlicher Bildung könnte dazu beitragen, das allgemeine Bewusstsein für epigenetische Mechanismen zu erhöhen und persönliche Gesundheitsentscheidungen zu verbessern.

Insgesamt wird die Ahnen-Epigenetik das Potenzial haben, tiefgreifende soziale und ethische Debatten auszulösen, die nicht nur die Wissenschaft, sondern die gesamte Gesellschaft herausfordern. Ihre Integration in die gesellschaftlichen Strukturen wird sorgfältige Lenkung und weise Politiken erfordern, um Missbrauch zu vermeiden und zugleich das enorme Potenzial dieser neuen Erkenntnisse zugunsten der Allgemeinheit zu nutzen.

Die Verantwortung der Wissenschaftler bei der Erforschung der Ahnen-Epigenetik

In einer Zeit, in der die Entschlüsselung des menschlichen Erbguts enorme Fortschritte macht, ist die Verantwortung der Wissenschaftler bei der Erforschung der Ahnen-Epigenetik von herausragender Bedeutung. Ahnen-Epigenetik, die Untersuchung der epigenetischen Einflüsse, die über Generationen hinweg vererbt werden, steht an der Schnittstelle zwischen der Vergangenheit und tatsächlichen wie potenziellen zukünftigen biologischen Entwicklungen. Dieses Forschungsfeld bietet nicht nur faszinierende Einblicke in die Art und Weise, wie Umweltfaktoren und Erlebnisse unserer Vorfahren unsere Genexpression und Gesundheit beeinflussen, sondern führt auch zu wichtigen ethischen Fragestellungen, die Wissenschaftler verantwortungsvoll adressieren müssen.

Wissenschaftler tragen eine große Verantwortung bei der Durchführung von Forschungen zur Ahnen-Epigenetik. Diese Verantwortung umfasst zunächst die strikte Beachtung aller wissenschaftlichen und ethischen Standards, um sicherzustellen, dass die Forschungen korrekt, transparent und nachvollziehbar durchgeführt werden. Dies beginnt mit der Sorgfalt in der Wahl der Forschungsfragen, die nicht allein aus wissenschaftlicher Neugierde, sondern auch unter Berücksichtigung potenzieller gesellschaftlicher Auswirkungen entworfen werden sollten.

Transparenz ist ein weiteres Schlüsselelement, das Wissenschaftler bei der Veröffentlichung ihrer Forschungsergebnisse wahren müssen. Die Öffentlichkeit und das wissenschaftliche Kollegium sollten in die Lage versetzt werden, die Methoden und Schlussfolgerungen nachvollziehen zu können. Dies bedeutet nicht nur, die Ergebnisse offen zu legen, sondern auch die methodischen Ansätze und die ethischen Überlegungen klar zu kommunizieren. Nur so kann sichergestellt werden, dass das Vertrauen in die Wissenschaft gestärkt und mögliche Missverständnisse oder Missinterpretationen vermieden werden.

Eine der zentralen Fragen, die die Ahnen-Epigenetik aufwirft, betrifft das Potenzial für gesellschaftliche Stigmatisierung oder Diskriminierung. Wie in anderen Bereichen der Genetikforschung besteht die Gefahr, dass epigenetische Informationen missinterpretiert oder missbraucht werden könnten, um Vorurteile oder Stereotype zu unterstützen. Wissenschaftler müssen sich dieser Gefahr bewusst sein und proaktiv gegen Missbrauch vorgehen, indem sie stets die Komplexität der epigenetischen Interaktionen betonen. Ein wichtiger Aspekt hierbei ist die klare Kommunikation, dass epigenetische Veränderungen oft reversibel sind und dass der Einfluss der Umwelt eine entscheidende Rolle spielt, die weit über die genetische Veranlagung hinausgeht.

Ein weiterer wesentlicher Punkt ist der sensible Umgang mit den Daten, die bei epigenetischen Studien gewonnen werden. Diese Daten sind oft personenbezogen und verlangen einen besonders sorgfältigen Schutz der Privatsphäre der Studienteilnehmer. Wissenschaftler müssen sicherstellen, dass sämtliche Daten anonymisiert und nur für wissenschaftliche Zwecke gemäß den gesetzlichen Bestimmungen genutzt werden. Darüber hinaus sollte die Zustimmung zur Datennutzung durch die Teilnehmer auf einer fundierten und freiwilligen Basis erfolgen, wobei die Teilnehmer klar darüber informiert werden, wie die Daten verwendet werden und welche potenziellen Auswirkungen die Forschungsergebnisse haben könnten.

Der ethische Diskurs um die Ahnen-Epigenetik ist auch eng verknüpft mit der Verpflichtung zur Aufklärung und Bildung. Wissenschaftler sollten sich bemühen, die allgemeine Öffentlichkeit über die Erkenntnisse und potenziellen Anwendungen der epigenetischen Forschung in einer Weise aufzuklären, dass sowohl die Chancen als auch die Risiken verstanden werden. Dies fördert nicht nur das öffentliche Interesse am Thema, sondern sensibilisiert auch für die Wichtigkeit informierter Entscheidungen in Bezug auf Gesundheit und Umwelt.

Insgesamt zeigt sich, dass die Verantwortung der Wissenschaftler in der Ahnen-Epigenetik weit über die Laborforschung hinausgeht. Sie umfasst sowohl den respektvollen Umgang mit den Studienteilnehmern und deren Daten als auch die Sicherstellung, dass die erhobenen Informationen nicht missbraucht werden. Mit einem Bewusstsein für die sensiblen ethischen Fragen, die mit der Erforschung der Ahnen-Epigenetik einhergehen, und durch Einführung transparenter und verantwortungsbewusster Praktiken können Wissenschaftler dazu beitragen, dass dieses

Forschungsgebiet sein erhebliches Potenzial für zukünftige Generationen voll entfaltet.

Zukunftsaussichten: Integration der Ahnen-Epigenetik in die personalisierte Medizin

Die Ahnen-Epigenetik bietet ein faszinierendes, wenn auch komplexes Untersuchungsfeld, das tiefe Einblicke in die weitreichenden Einflüsse unserer Vorfahren auf die gegenwärtige und zukünftige Gesundheit ermöglicht. In der personalisierten Medizin, einer medizinischen Praktik, die Behandlungen und Prävention auf individuelle genetische, epigenetische und umweltbedingte Merkmale abstimmt, eröffnet die Einbeziehung der Ahnen-Epigenetik aufregende neue Perspektiven. Diese Integration könnte die personalisierte Medizin grundlegend verändern und dazu beitragen, Therapien präziser und wirksamer zu gestalten.

Der zentrale Ansatzpunkt der personalisierten Medizin ist die Erkenntnis, dass nicht alle Patienten gleich auf ein Medikament oder eine Therapie ansprechen. Die Berücksichtigung epigenetischer Markierungen, die von früheren Generationen vererbt wurden, kann Aufschluss darüber geben, wie sich bestimmte Krankheitsrisiken manifestieren oder warum herkömmliche Behandlungsformen bei einigen Individuen nicht die gewünschte Wirkung zeigen. So könnte zum Beispiel die Erkenntnis, dass Stress- oder Hungersnot-Erfahrungen eines Vorfahren epigenetische Veränderungen bei Nachkommen hervorrufen können, die Stressresilienz beeinflussen oder Stoffwechselkrankheiten begünstigen, weitreichende Ergebnisse in der Prävention und Behandlung solcher Erkrankungen haben.

Ein weiterer bedeutender Aspekt der Integration von Ahnen-Epigenetik in die personalisierte Medizin ist die Möglichkeit, Präventionsstrategien auf einen neuen Level zu heben. Durch das Verständnis der Lebensumstände und Umweltbelastungen, denen unsere Vorfahren ausgesetzt waren, könnten präzisere Vorhersagen und somit effektivere Präventivmaßnahmen entwickelt werden. Wie eine Studie von *Heijmans et al.* (2008) zeigt, können Umweltfaktoren, die Generationen vor der Geburt eines Individuums wirken, dessen genetische Disposition nachhaltig beeinflussen.

Die Herausforderungen dieser Integration sind jedoch nicht zu unterschätzen. Der Umfang der benötigten Daten ist enorm und wirft zugleich ethische Fragen hinsichtlich Datensicherheit und -nutzung auf, wie in vorherigen Kapiteln bereits vertieft behandelt. Die Sicherstellung, dass epigenetische Informationen nicht missbraucht werden, und der Schutz der Privatsphäre der Individuen stehen an vorderster Front der ethischen Diskussion. Transparenz bei der Datenerhebung und die Einwilligung der Probanden sind hierbei grundlegende Pfeiler.

Technologisch gesehen erfordert die Verknüpfung von Ahnenforschung und epigenetischen Daten eine Weiterentwicklung derzeitiger algorithmenbasierter Analysetools, die große Mengen multidimensionaler Daten effizient und korrekt auswerten können. Dank der Fortschritte in der Bioinformatik gibt es hier deutliche Fortschritte, doch sind weitere Innovationen nötig, um das vollständige Potenzial der epigenetischen individuellen Anpassungen zu entfalten.

Insgesamt lässt sich sagen, dass die Integration der Ahnen-Epigenetik in die personalisierte Medizin nicht nur in der Möglichkeit besteht, präzisere Behandlungsansätze zu entwickeln, sondern auch potenziell den Weg für eine neue Ära der Krankheitsprävention bereitet. Die Herausforderung, die vor uns liegt, erfordert eine sensible Balance zwischen technologischem Fortschritt, ethischer Verantwortlichkeit und öffentlichem Vertrauen. Die Wege, die hierbei beschritten werden, könnten in den nächsten Jahrzehnten maßgeblich die Art und Weise beeinflussen, wie medizinische Versorgung auf individuell zugeschnittene Weise angeboten wird.

Bildung und öffentliches Bewusstsein für epigenetische Erkenntnisse

Die Vermittlung von Wissen über epigenetische Prozesse und ihre Auswirkungen auf Generationen ist von entscheidender Bedeutung, um ein breiteres Verständnis und Akzeptanz in der Gesellschaft zu fördern. Bildung spielt eine zentrale Rolle, wenn es darum geht, das öffentliche Bewusstsein für die Ahnen-Epigenetik zu schärfen. Ziel ist es, sowohl wissenschaftliche Erkenntnisse verständlich zu machen als auch die Implikationen dieser Erkenntnisse für Individuen und Gemeinschaften zu beleuchten.

Ein erster Schritt in diesem Bildungsprozess besteht darin, die Grundlagen der Epigenetik für ein breites Publikum zugänglich zu machen. Epigenetische Konzepte, wie sie in den vorangegangenen Kapiteln beschrieben wurden, sollten in einfachen, nachvollziehbaren Begriffen erklärt werden. Dies könnte durch Bildungsmaterialien und Programme geschehen, die auf die allgemeine Bevölkerung ausgerichtet sind. Diese Inhalte müssten Aspekte wie die Auswirkung von Lebensstil, Umwelt und anderen externen Faktoren auf unsere genetische Ausstattung berücksichtigen.

So könnte eine effektive Bildungsstrategie die Entwicklung von Lehrmaterialien umfassen, die in Schulen und Universitäten verwendet werden können. Besonders wichtig wäre dabei die Integration von epigenetischen Themen in bestehende Biologie- und Gesundheitscurricula, um zukünftige Generationen für die Relevanz dieser Wissenschaft zu sensibilisieren. Die Einbindung von Fallstudien, die Bezüge zur Ahnenforschung und deren moderne epigenetische Relevanz herstellen, könnte helfen, das Thema anschaulich und greifbar zu machen.

Auf gesellschaftlicher Ebene könnten öffentliche Kampagnen und Initiativen ins Leben gerufen werden, die sich mit epigenetischen Fragen im Kontext der Ahnenforschung auseinandersetzen. Solche Kampagnen sollten idealerweise durch Kooperationen mit renommierten Wissenschaftlern und Institutionen getragen werden, um Vertrauen und Glaubwürdigkeit in der Öffentlichkeit aufzubauen. Ein mögliches Modell könnte darin bestehen, regelmäßig stattfindende Veranstaltungen und Workshops zu organisieren, die nicht nur Wissen vermitteln, sondern auch Plattformen für Diskussionen und den Austausch von persönlichen Geschichten bieten.

Ein weiterer wichtiger Aspekt in der Förderung des öffentlichen Bewusstseins ist die Rolle digitaler Medien. Online-Plattformen, soziale Medien und spezialisierte Webseiten bieten ungeahnte Möglichkeiten, um eine Vielzahl von Menschen zu erreichen. Kuratierte Inhalte, Podcasts und interaktive Lernerfahrungen könnten eingesetzt werden, um Nutzer aktiv in den Prozess der Wissensvermittlung einzubeziehen. Die Zusammenarbeit mit Influencern sowie die Nutzung von aktuellen Trends im Bereich Storytelling können dazu beitragen, komplexe wissenschaftliche Themen wie Epigenetik attraktiver und zugänglicher zu machen.

Insgesamt liegt die Verantwortung nicht nur bei Wissenschaftlern und Pädagogen, sondern auch bei politischen Entscheidungsträgern sowie den Medien, um die Verbreitung von epigenetischen Erkenntnissen zu unterstützen. Ein tiefgreifendes Verständnis der Ahnen-Epigenetik hat das Potenzial, nicht nur auf individueller Ebene bedeutend zu sein, sondern kann auch gesellschaftliche Veränderungen anstoßen, indem es langfristig zu einem gesundheitsbewussteren Verhalten und einer stärkeren Wertschätzung unserer genetischen und kulturellen Vergangenheit führt.

Letztlich kann die Integration epigenetischen Wissens in das öffentliche Bewusstsein zu einer selbstbewussteren, informierteren Gesellschaft führen, die besser auf zukünftige Herausforderungen in der medizinischen Versorgung und im Gesundheitsmanagement vorbereitet ist. Der Schlüssel liegt in einer inklusiven, durchdachten und andauernden gemeinsamen Anstrengung aller relevanten Akteure.

Die Rolle der interdisziplinären Zusammenarbeit in der Weiterentwicklung der Epigenetik

Die moderne Wissenschaft befindet sich in einer bemerkenswerten Phase der Transformation, in der die Grenzen zwischen den Disziplinen zunehmend verschwimmen. Die Epigenetik, insbesondere in der Kombination mit der Ahnenforschung, ist ein faszinierendes Beispiel für ein Fachgebiet, das von einer interdisziplinären Herangehensweise immens profitieren kann. Diese Form der Kollaboration eröffnet völlig neue Horizonte, die es ermöglichen, komplexe Zusammenhänge besser zu erschließen und innovative Lösungen zu entwickeln.

Ein zentraler Aspekt der interdisziplinären Zusammenarbeit ist der Austausch zwischen Biologen, Genetikern,

Historikern und Sozialwissenschaftlern. Die Biologie stellt das notwendige Verständnis der genetischen und epigenetischen Mechanismen bereit, etwa wie *DNA-Methylierung* und *Histonmodifikation* das genetische Erbe beeinflussen. Historiker tragen durch ihre Expertise in der Ahnenforschung dazu bei, die genealogischen Daten zu kontextualisieren, die entscheidend für das Verständnis der Ahnen-Epigenetik sein können. Auch Sozialwissenschaftler sind von unschätzbarem Wert, wenn es darum geht, die Auswirkungen dieser Forschungen auf das kollektive Bewusstsein und die gesellschaftlichen Normen zu analysieren.

Besonders in der Erfassung und Auswertung großer Datenmengen ist die Kooperation mit Informatikern und Bioinformatikern unerlässlich. Diese Fachleute entwickeln Algorithmen und Software, die nicht nur in der Lage sind, die umfangreichen Datenmengen zu verarbeiten, sondern auch, komplexe Muster und Verbindungen zu entdecken, die für das Verständnis der epigenetischen Vererbung wichtig sind. Eine Studie von Smith et al. (2022) zeigte, dass interdisziplinär entwickelte bioinformatische Tools die Detektion epigenetischer Veränderungen in populationsweiten Studien erheblich verbessern können.

Des Weiteren eröffnet die Integration von Psychologie und Neurowissenschaften in die epigenetische Forschung die Möglichkeit, die Auswirkungen von Umweltfaktoren auf das emotionale und mentale Wohlbefinden besser zu verstehen. Es hat sich gezeigt, dass Stressoren und traumatische Erlebnisse epigenetische Veränderungen induzieren können, die über Generationen hinweg weitergegeben werden. Diese Erkenntnis erfordert eine enge Zusammenarbeit mit Psychologen, um nachhaltige Interventionsstrategien zu entwickeln, die solche transgenerationalen Effekte abmildern können.

Die Ergebnisse solcher kollaborativer Anstrengungen haben nicht nur theoretische Relevanz, sondern es zeichnen sich auch praktische Anwendungen für die personalisierte Medizin ab. Die individualisierte Behandlung, die genetisches und epigenetisches Profiling einschließt, könnte durch die Fortsetzung dieser interdisziplinären Forschung neue Dimensionen erreichen. So ist denkbar, dass zukünftige medizinische Ansätze personalisierte Therapien entwickeln, die gezielt auf die epigenetische Prägung eines Individuums eingehen.

Interdisziplinäre Zusammenarbeit ist allerdings nicht ohne Herausforderungen. Diese gemeinsamen Projekte erfordern umfassende Kommunikation, um verschiedenes Fachvokabular und unterschiedliche wissenschaftliche Denkweisen zusammenzuführen. Erfolg hängt oft davon ab, dass alle Beteiligten eine gemeinsame Sprache finden und bereit sind, den notwendigen Aufwand für eine solche Zusammenarbeit zu investieren.

Insgesamt zeigt sich, dass die interdisziplinäre Zusammenarbeit in der Epigenetik weit über akademische Übung hinausgeht. Sie ist ein wesentlicher Schlüssel, um das Verständnis komplexer biologischer Prozesse zu vertiefen und deren
Implikationen für die Gesellschaft zu bewerten. Die Ahnen-
Epigenetik ist somit nicht nur ein Gebiet von wissenschaftlichem Interesse, sondern kann auch einen bedeutenden
Beitrag zur Verbesserung des menschlichen Lebens leisten.
In einer Welt, die zunehmend von den Herausforderungen
globaler Probleme geprägt ist, könnte solch kollaborative
Forschung dazu beitragen, eine Brücke zwischen Vergan-
genheit und Zukunft zu schlagen.

Chancen und Risiken: Die Ahnen-Epigenetik im Kontext von zukünftigen Generationen

Die Ahnen-Epigenetik, also das Studium der epigenetischen Modifikationen, die durch Umweltbedingungen und
Lebensumstände vorhergehender Generationen entstehen
und an Nachkommen weitergegeben werden, birgt sowohl
bemerkenswerte Chancen als auch potenzielle Risiken. Ihre
tiefgreifende Fähigkeit, individuelle und kollektive Schick-
sale zu beeinflussen, fordert eine sorgfältige Abwägung
und eine weitsichtige Betrachtung im Hinblick auf künftige
Generationen.

Ein zentraler Aspekt, der uns die Ahnen-Epigenetik aufzeigt, ist die wunderbare Möglichkeit, eine umfassendere

Sicht auf die Vererbung menschlicher Merkmale und Verhaltensweisen zu entwickeln. Die Aussicht, epigenetische Interventionen zu nutzen, um etwa die Resilienz gegenüber Krankheiten zu steigern, ist verheißungsvoll. So könnte beispielsweise das Wissen über die Auswirkungen von Unterernährung oder toxischem Stress auf epigenetische Markierungen in der DNA dazu beitragen, präventive Maßnahmen zu entwickeln, die die Gesundheit zukünftiger Generationen verbessern. In einer von Szyf et al. (2016) durchgeführten Studie wurde dokumentiert, dass gezielte epigenetische Therapien erfolgreich zur Linderung von Entwicklungsstörungen eingesetzt werden können.

Trotz dieser verheißungsvollen Perspektiven ist es unabdingbar, sich der Risiken und Unsicherheiten bewusst zu sein, die mit der Manipulation epigenetischer Informationen einhergehen. Die Unkenntnis über unvorhergesehene Langzeitfolgen solcher Eingriffe auf das komplexe ökologische und genetische Gefüge eines Individuums oder gar ganzer Populationen stellt ein erhebliches ethisches Dilemma dar. Es gilt, das Risiko abzuwägen, dass nicht nur positive, sondern auch negative Merkmale an die kommenden Generationen weitergegeben werden könnten.

Darüber hinaus ist die Frage der Zugänglichkeit von Wissen über epigenetische Modifikationen eine gesellschaftlich hochrelevante. Während diese Informationen von unschätzbarem Wert sein können, um zukünftige gesundheitliche Herausforderungen frühzeitig zu erkennen und zu adressieren, steht die Gefahr der Diskriminierung auf Grundlage genetischer Informationen im Raum. Die potenzielle Stigmatisierung von Individuen aufgrund epigenetischer Prädispositionen zu bestimmten Krankheiten könnte zu sozialer Ausgrenzung und Ungleichbehandlung führen. Laut einem Bericht von Deary et al. (2010) wird befürchtet, dass dies zu einer genetischen Segregation führen könnte, die gesellschaftsspaltend wirken könnte.

Ein weiterer Aspekt, der im Zusammenhang mit der Ahnen-Epigenetik diskutiert werden muss, ist ihre Integration in zukünftige medizinische Ansätze. Die personalisierte Medizin, die auf den spezifischen genetischen und epigenetischen Profilen eines Individuums basiert, hat das Potenzial, hochgradig effektive, maßgeschneiderte Therapien zu entwickeln. Doch auch hier verbirgt sich das Risiko, dass der ungleiche Zugang zu solchen hochmodernen Therapien bestehende gesundheitliche Ungleichheiten verschärfen könnte.

Die Erschaffung einer ethisch verantwortungsbewussten Praxis bei der Anwendung epigenetischen Wissens erfordert eine robuste regulatorische und ethische Rahmenbedingung. Diese sollte die Grundsätze der Gerechtigkeit, Erklärung und Eigenständigkeit respektieren. Die Wissenschaft hat die Verantwortung, außergewöhnlich transparent zu bleiben und den Dialog mit der Gesellschaft über die Wertschöpfung aus der Ahnen-Epigenetik offen zu führen, um Fehlinformationen und Vertrauen zu vermeiden.

Abschließend sei angemerkt, dass die Ahnen-Epigenetik in ihren potenziellen Anwendungen nicht nur eine individuelle, sondern eine kollektive Wirkung entfaltet, indem sie Gemeinschaften dazu befähigt, gesündere, widerstandsfähigere zukünftige Generationen hervorzubringen. Im Lichte der Chancen und Risiken der Ahnen-Epigenetik ist es essentiell, bei allen Handlungen das Wohl der Menschheit als oberstes Ziel zu verfolgen, um der Verantwortung gerecht zu werden, die wir Zukunftsgenerationen gegenüber tragen.

9 783384 482259